訪問リハビリテーション 2023年10月・11月号

contents

対象者を就労へと繋げるための訪問リハビリテーションの在り方に関する一考察

株式会社 PLAST 理学療法士
喜多 一馬

株式会社 PLAST 理学療法士
原口 脩平

1 はじめに

　訪問リハビリテーションでは、中途障害を有した働き盛りの若年層などで就労を希望する対象者、希望がなくともリハビリテーション職の視点から就労可能と考えられる対象者を担当することがある。しかし、現場ではそのような対象者へどのような介入を行えばよいかが不明瞭であるために十分な支援が行えず、就労へと至らないことを経験することが少なくないのではないだろうか。あるいは、実際に就労へと至る症例を身近に見聞きすることが少なく、そもそも対象者が就労するイメージを持ちにくい実情もあるのではないだろうか。

　本稿では、対象者を就労へと繋げるための訪問リハビリテーションの在り方について、以下の流れで記述していく。まず、当法人の訪問看護ステーションからの訪問リハビリテーションを利用したことで自営する理容室へ理容師とし

て復職を果たした症例、当法人の訪問看護ステーションからの訪問リハビリテーションの利用から当法人の就労継続支援B型とデイサービスの利用に繋がった後に別法人の就労移行支援を経て一般就労に至った症例を紹介する。これは、訪問リハビリテーションにより実際に就労へと繋げることができることをイメージしていただけるように冒頭で取り上げることとした。つぎに、障害者総合支援法が定める障害福祉サービスである就労継続支援B型、就労継続支援A型、就労移行支援、就労定着支援の概説を行う。これらは訪問リハビリテーションにかかわるリハビリテーション職が就労を支援する際に最も関連するサービスであるため、障害者の就労を論じるうえでは一部となるが紹介することとした。さらに、それらを踏まえてリハビリテーション職が就労を支援するためにどのような知識や連携が必要であるかを考察する。ここでは、現場で実際に就労を支援する際の知識や実践を積み重ねていくための一助としていただ

けるよう記述することとした。さいごに、就労を支援するために行われる訪問リハビリテーションが、対象者の就労を困難にさせている構造的問題へ無自覚に加担している可能性があることを問題提起する。これにより、日々提供しているリハビリテーションの在り方そのものを見直すきっかけとしていただきたい。

2 | 当法人の訪問看護ステーションからの訪問リハビリテーションにより就労に至った2症例

まず、実際に訪問看護ステーションからの訪問リハビリテーションを利用して就労に至った症例として、当法人での実践を紹介する。当法人は訪問看護ステーション、就労継続支援B型、デイサービス、福祉用具貸与事業所、重症心身障害児向け児童発達支援・放課後等デイサービスなどをひとつの商店街にて事業展開している株式会社である（写真1）。当法人の訪問看護ステーションでは、これら同一法人の事業所はもちろん、他法人事業所や医療機関と連携する

ことによって対象者の就労を支援する実践を重ねてきている。ここでは、実際に就労に至った2症例を取り上げる。なお、対象者への倫理的配慮としては、それぞれの症例へ説明したうえで同意を得ており、当法人の役員から倫理的承認を得ている。

症例1	当法人の訪問看護ステーションからの訪問リハビリテーションを利用して自営する理容室に理容師としての復職を果たした脳卒中症例

本症例は橋出血を発症した60代男性である。病前は妻と二人暮らしであり、自宅兼理容室にて理容師として就労していた。発症後は急性期病院にて保存的加療を受け、その後は回復期病棟へと転院し、ADLが自立となった時点で自宅退院となった。当法人の訪問看護ステーションからの訪問リハビリテーションでは、転倒リスクのあるADLに対する動作練習、活動範囲拡大のための歩行・階段練習、手指機能改善に向けた手指機能練習を目的として介入が開始した。

写真1

当法人の訪問看護ステーションと就労継続支援Ｂ型。真横に事業所が位置していることで、スタッフ間の行き来がしやすく、連携が取りやすい。

訪問リハビリテーション開始時

屋外歩行は歩行器、室内歩行は伝い歩きにて自立していたが、浴槽またぎや階段昇降にて下肢の引っ掛かりがあり、軽度の転倒リスクを有していた。また、右上肢・右手指・右下肢には軽度の運動麻痺と感覚障害を有しており、手指機能としては握りこみ、対立、つまみといった運動が困難であった。訪問リハビリテーションへは積極的であり、理容師への復職が難しくても何らかの形で就労したい希望があった。

1〜3ヵ月後

身体機能に改善を認め、ADL上での転倒リスクはほとんどみられないようになり、自宅内移動が独歩と伝い歩きにて安全に行えるようになった。手指機能としては、ペットボトルを把持してキャップの開封やハサミを使って紙を切るなどが行えるようになった。このころより、本症例は理容師としての復職を目指すようになり、そのために理容ハサミの使用に向けた応用的な手指機能練習を実施しはじめた。他方、本症例の妻は復職が実現できるように自主トレーニングに熱心に付き合い、これまで理容室を利用していたお客さんからは復帰を望む声が届くようになり、本症例の復職への意欲は徐々に高まっていった。

4〜5ヵ月後

本症例が本格的に復職するため、主治医へ実際に理容ハサミを使用している様子を撮影した動画を関連職種を通じて提供した。この動画は、これまで本症例が理容をしていた馴染みのお客さんから協力を得て実際の理容を行った様子を撮影したものであった。その結果、主治医より理容師としての復職へ後押しを得ることができ、復職を決定することができた。

6ヵ月後

発症前と同様に理容室の営業を再開するに至った。

以上、本症例では、訪問リハビリテーションでの理容ハサミを使用するための応用的な手指機能練習、妻や地域に住む人たちからの応援、馴染みのお客さんへの理容の実施、主治医や関連職種と連携したうえでの復職への後押し体制の構築といった要因が復職に至るための重要な要素であったと考えられる。なお、本症例に関する詳細な経過や介入方法は、訪問リハビリテーション2022年12-03号にて症例報告として掲載されている[1]。

症例 2	当法人の訪問看護ステーションからの訪問リハビリテーションを利用したことで弊社の就労継続支援B型とデイサービスの利用に繋がり、他法人の就労移行支援を経て一般就労に至った脳卒中症例

本症例は右被殻出血を発症した50代男性である。病前は妻と二人の子どもとの四人暮らしであり、営業職として一般企業に勤務していた。右被殻出血発症後は急性期病院にて保存的加療を受け、全身状態が安定した後は回復期病棟へと転院した。回復期病棟では「何も出来ない」といった消極的な発言が多く、リハビリテーションへの意欲が低い状態であった。左片麻痺を呈し、退院時の移動は車いす介助、移乗は見守り、トイレ動作は一部介助、活動性は低く寝たきりの状態であった。当法人の訪問看護ステーションからの訪問リハビリテーションでは、活動性の向上を目的に介入開始となった。

訪問リハビリテーション開始時〜3ヵ月後

「何をやっても変わらない」等の消極的発言が多く、自宅では閉じこもり状態であった。しかし、本人の叶えたい目標として一般就労を掲げていた。そこで、長期目標を就労と設定し、

短期目標には食事の配膳や洗濯物を畳む等の達成可能な目標を細かく設定した。

その結果、日々の訪問リハビリテーションの介入にて成功体験を積み重ね自宅内での役割を設けることが可能となり、徐々に活動量の増加を認め、日中の臥床時間は短縮し基本的な身辺動作は自身で行い、さらに自走式車いすを導入し妻の付き添いで外出する機会も生じるようになった。

4～6ヵ月後

本症例が当初から目標としていた就労を実現するため、当法人の就労継続支援B型の利用を開始した。このとき、本症例はスタッフや他の利用者と良好な関係を築けるか等の不安を有していたため、訪問リハビリテーションスタッフと就労継続支援B型スタッフが必要な精神面のケアや介入方法を密に共有し、本症例が安心できるように心がけた。就労継続支援B型までの移動は妻の付き添いで行い、帰りには就労継続支援B型スタッフが精神面のケアとして傾聴をしながら自宅まで付き添うこともあった。

就労継続支援B型には作業療法士と看護師が常駐しており、本症例が身体機能向上を図れるように就労時間の段階的な延長や立位での作業を積極的な導入を行い、さらには自己肯定感の維持・向上を図るために難易度の高い挑戦的な作業を適宜提供した。

その結果、就労継続支援B型での就労を一日通して行えるまでに身体機能が向上し、作業効率向上のために作業体系を提言することやスタッフや他利用者との雑談が増える等の意欲的な行動もみられるようになった。

7～13ヵ月後

外出機会が頻回に創出されたことで「自分一人でも外出したい」という発言が生じ、前向きな姿勢がみられるようになった。そこで、さらなる活動量増加を図るために就労継続支援B型の利用と並行して弊社デイサービスの利用を開始した。このときも、本症例はデイサービスのスタッフと良好な関係を築けるか等の不安を有していたため、訪問リハビリテーションスタッフとデイサービスのスタッフで本症例の身体機能や生活上の問題を密に共有し、さらにはデイサービス利用時に訪問リハビリテーションスタッフが付き添い等を行い、安心してデイサービスに通うことができるようにケアした。

デイサービスでは、一人で外出するために必要な自宅玄関の開閉動作を獲得するための立位安定性や歩行能力向上を目的として立位バランス練習等を行い、訪問リハビリテーションでは、動作主体での練習を行うなど役割を分担し介入した。その結果、本症例は自宅玄関の開閉動作を獲得した。さらに電動車いすを導入し、頻回に一人で外出する機会が増え活動性が向上した。

14～27ヵ月後

一般就労を目指すために別法人が運営する就労移行支援の利用開始に至った。就労移行支援では、主に在宅ワークも視野に入れたパソコン業務を行えるようにパソコン操作を学習しながら、並行して就職活動として応募書類作成や応募手続きも行っていた。その結果、27ヵ月後にはパソコン業務での在宅ワークとして一般就労を達成した。

以上、本症例では同一法人の多事業所の各スタッフが症例の状態を継続的かつきめ細かく情報を共有し連携した結果、就労移行支援を経て一般就労に至った。当法人ではほとんどの施設が徒歩圏にあり、直接会って話すことで密に情報の共有がしやすく、それぞれのスタッフが自分の役割を認識し実践したことが就労に至った重要な要因であったと考えられる。情報共有の

方法が利用者の利益に対してもたらすものは大きく、同様の連携が取れるシステムが構築されれば、対象者の就労という社会参加へ繋がると推察される。

　以上、当法人の訪問看護ステーションからの訪問リハビリテーションにより就労に至った2症例を紹介した。いずれの症例においても訪問リハビリテーションによって心身機能の改善や活動の向上を図りながら、関連職種や関連事業所さらには地域住民との連携を図ったことが功を奏し、就労の実現に至るものであった。

3 障害者総合支援法が定める障害福祉サービスの概要

　つぎに、障害者の就労を支援するサービスについて概説する。障害者の就労と一言で言ってもその形はさまざまであり、一般就労として一般企業に正社員やパートタイムなどで一般雇用される場合、一般企業が障害者を対象とする障害者雇用の枠組みで就労する場合、福祉的就労として就労継続支援B型や就労継続支援A型で就労する場合、自営業として就労する場合などがある。さらには、一般就労を目指すために就労移行支援や就労定着支援を利用する場合もある。

　対象者の就労を支援する際には、目標とする就労形態を決定するためにこれらの概要を知り、そのうえでリハビリテーション職として介入できることを模索していく必要があるだろう。

　以下では、本稿の読者がかかわりを持つ可能性が高いと想定され、先述した症例2でも触れた、障害者総合支援法が定める障害福祉サービスである就労継続支援B型、就労継続支援A型、就労移行支援、就労定着支援を紹介する。

就労継続支援B型

　就労継続支援B型とは、一般就労が困難である障害者に対して一定の支援を行いながら雇用契約を結ばずに軽作業や就労に向けたトレーニングを行うサービスのことである。後述する就労継続支援A型での雇用契約を結んだ就労が難しい場合に利用されることが多く、生産物に対して対価を支払う「工賃」と呼ばれる報酬が発生することが特徴的である。その金額は、厚生労働省の報告[2]では、令和3年度には時間額233円で月額16,507円、令和2年度には時間額222円で月額15,776円となっている。この数字が示すように多くの就労継続支援B型では一般的な平均時給よりもかなり低い工賃が支払われている実情があり、厚生労働省はこの改善を図るために「工賃倍増5か年計画」や「工賃工場計画」を掲げている[2]。近年では最低賃金以上の工賃を実現する事業所が増加しており、これまでにはない就労継続支援B型として注目されてきている[3, 4]。

就労継続支援A型

　就労継続支援A型とは、一般就労が困難である障害者に対して一定の支援を行いながら雇用契約を結んだうえで就労を行うサービスである。雇用契約を結んだうえで就労を行うことが特徴であり、支援を受けながらも自治体が定めている最低賃金が保障された状態で勤務することができる。厚生労働省の報告[2]では、令和3年度には時間額926円で月額81,645円、令和2年度には時間額899円で月額79,625円の平均賃金の実績があるとされ、リハビリテーション職を目指す学生がアルバイトをすることと同程度の賃金を得ることができている。

　また、利用年齢は65歳未満の制限があるが、利用期間には定めがなく、さらには対象者の

体調等に合わせて就労日数や時間を設定することができるため、障害者にとって比較的利用しやすいサービスとなっている。仕事内容は就労継続支援A型の事業所によって異なり、就労移行支援利用後の就職先と同様で多岐に渡る。近年では、ファストフードのバーガーキング[5] やコンビニエンスストアのセブンイレブン[6] といった広く馴染みのある業態にも取り入れられ、より身近なものとなってきている。

就労移行支援

就労移行支援は、障害者が一般就労を目指すために利用するサービスである。就職のために必要なビジネスマナーや身だしなみ、パソコン、事務作業などを習得できるように個別あるいは集団トレーニングが提供されており、企業インターンの提供によって対象者の適性を見極めることや実際の就労に向けた対策を講じることも行われている。就職先としては事務職、販売業、倉庫業、接客業、清掃業など多岐にわたり、適性に合わせて検討することができる。

実際に就労した後には、対象者が安定して就労し続けることができるように、就職先の企業とも連携を取りながら原則として6ヵ月間のフォローアップを行っている。

なお、一般就労を目指すためのスキルを身に付けることが目的であるため、先述した就労継続支援とは異なり、利用することで賃金を得ることは基本的にはできない。また、利用期間は原則二年であることが定められており、その期間内にて就職を目指すこととなる。訪問リハビリテーションでは、一般就労を2年以内に目指すことができる対象者を担当した時に利用を検討することが良いと考えられる。

就労定着支援

就労定着支援は、2018年より新たに開始されたサービスである。就労定着支援事業所のスタッフが自宅や職場へ訪問するなどによって面談を行いながら、一般就労に移行した後に長く働き続けられるように日常生活や社会生活上の課題に対して支援を行うことを目的としている。対象者は実際に就労を行うなかでは体調管理や金銭管理の難しさ、仕事上のミスや職員間でのコミュニケーションの課題が生じるため、このような支援が必要となっている。先述した就労移行支援では就労後に6ヵ月のフォローアップが行われることを記したが、就労定着支援では就労開始6ヵ月後から3年間が対象期間となっており、より就労の実態に即した支援が行えるようになっている。

以上がそれぞれの障害者総合支援法が定める障害福祉サービスの概要である。一口に障害福祉サービスと言っても枠組みによって大きく異なるものであり、さらには同じ枠組みであっても各事業所によって実施されるプログラムや作業の内容が異なるものである。リハビリテーション職がこれら障害福祉サービスについて熟知しておく必要はないが、概要を知っておくことは後述する就労を支援するための一助になり得ると考える。

なお、障害福祉サービスの利用は原則として障害者手帳を保持していることであるが、障害者手帳を有していなくても対象となることがある。詳細は厚生労働省[7] の「障害福祉サービスについて」を参照したうえで、地方自治体の福祉担当窓口へ問い合わせると良いだろう。

4 訪問リハビリテーションを必要とする対象者が就労を目指すために

では、実際にリハビリテーション職は訪問リハビリテーションを提供するなかで就労をどのように支援していけば良いのだろうか。以下では、ここまでで紹介した事例のような筆者らの経験や訪問リハビリテーションあるいは障害者の就労の実情から、リハビリテーション職が行う就労の支援方法について三点提案する。

一点目は、訪問リハビリテーションが提供されている目的のなかで就労がどのように位置付けられているかを再考することである。訪問リハビリテーションでは対象者の自立支援・介護予防・社会参加促進が目的とされており、社会参加促進のなかに就労が該当するものと思われる。しかし、リハビリテーション職をはじめとした医療・介護の専門職で就労に専門性を持つ者は少なく、さらには就労を目的としてリハビリテーションを実施する対象者の数も少ないために、そのように位置付けることが稀となっているのではないだろうか。それによってリハビリテーションを実施する目的として就労の優先順位が下げられてしまうことや就労を目指す機会そのものが失われてしまうことがあるのではないだろうか。そのため、まずはリハビリテーション職が就労を支援する際に対象者が就労の希望があるか否かを丁寧に拾い上げることや対象者の希望がなくても就労が可能となる可能性を見つけ出すことが必要と考えられる。

二点目は、対象者の目標を就労に設定するために、対象者にかかわる多職種が就労に前向きな姿勢を持つように努めることである。本稿で示した症例1は、症例にかかわる各専門職が就労に前向きであったことが就労を実現させる要因となったが、就労は対象者にとって心身の負荷として大きいことや転倒などのリスクを増加させる可能性もあり、リスク回避型の思考を持つことの多い医療介護職では前向きになれないことが少なくないと考えられる。対象者を取り巻く専門職が消極的になることは対象者も消極的にさせるものであり、それによって本来果たすことが可能であった就労を果たせなくなる可能性も考えられるだろう。先述したように、リハビリテーション職が対象者の就労に関する希望を聴取することができれば、対象者にかかわる専門職種の中心となって就労を支援する役割を担えると考えられる。

三点目は、対象者が実際に就労するための具体的な支援の方法として、障害福祉サービスの利用の提案までを視野に入れた支援を行うことである。本稿で示した症例2は、同一法人の訪問看護ステーションと就労継続支援B型とデイサービスと別法人の就労移行支援を利用したことで一般就労に至ったが、障害福祉サービスはリハビリテーション職にとって馴染みが薄いためにその連携に関する経験が乏しいと考えられる。対象者が介護保険サービスを利用している場合に障害福祉サービスを利用する際は、担当窓口となるケアマネジャーと情報共有を行いながら支援することが必要である。また、対象者が介護保険サービスを利用していない場合の障害福祉サービスの利用は、市町村の計画相談支援に繋ぐことが必要であることも理解しておくことが大切となる。もちろん、本稿では言及しなかったが、障害福祉サービスの利用以外にもハローワークを紹介することや現職復帰に向けた情報提供や労働環境等の調整を行うことも重要な役割である。

以上が訪問リハビリテーションにより就労へと繋げるための一考察である。しかし、この妥当性についてはこれからの検証が必要であり、

実際に就労へと繋がった事例に関する知見を積み重ねて構造化していくことがこれからの課題となろう。

5 障害者の就労を実現するために

さいごに、就労を支援するための訪問リハビリテーションが対象者の就労を困難にさせている社会の構造的問題へ無自覚に加担している可能性があることを問題提起し、本稿を締めくくる。

リハビリテーション職は、対象者の就労を支援するなかで心身機能の改善や自助具・補装具を用いた活動あるいは社会参加の促進を図ることになる。しかし、これらは「対象者は健常者の仕様に合わせた社会の在り方に合わせることを強要する」という側面があるために、障害者に努力や工夫を求め続けてしまうという問題を抱えている。この点について理解するため、星加良司氏（東京大学大学院 教育学研究科附属バリアフリー教育開発研究センター 教授）の社会モデルに関する言及を引用したい。

「気の毒だけど頑張ってね」と障害者に責任を負わせることが個人モデル、「気の毒だから、社会の側でサポートしていくよ」と考えるのが社会モデルと誤解されることが多いようです。しかし、「気の毒な状況」が生まれることを前提にしている以上、実はこれはどちらも個人モデルをベースとした考え方なんですね。こうした使い方をすることの何が良くないか。それは、すでに存在している社会の偏りや歪みを無視したまま、マジョリティの側の都合だけで改善が進んでしまうリスクがあるからです。8) 注釈1)

すなわち、リハビリテーション職が対象者に「就労できるように頑張りましょう！」とかかわり続けることが、対象者の就労を困難にする社会構造をさらに強化している可能性があるのである。もちろん、リハビリテーション職の対象者への介入は悪意を持って貶めようとするものではなく、対象者が生きやすくなることを願う善意に由来するものであろう。だからこそ、対象者が就労しづらくなる社会構造への加担は無自覚に行われてしまうものであり、それゆえに対象者に押し付けることが可能となってしまうものではないだろうか。もちろん、これはリハビリテーション職による介入を否定するわけではない。あくまでも対象者の就労しづらい原因を対象者のみに求めるわけではなく、社会構造にもあることを認識したうえで、その社会構造の変容を図るような視点を持つことも求められるべきではないのかという問題提起である。

就労では収益性を担保するために生産性を強く求められてしまう背景があり、それゆえに現在の社会構造に合わせなければならず、その変容を図ることは容易でないと考えられる。だからこそ、対象者にとって良き伴走者であるリハビリテーション職が果たすべき役割について再考すべきであろう。

6 おわりに

訪問リハビリテーションにおいてリハビリテーション職は対象者と時間をかけて社会参加の促進を図っていくために、対象者の就労の支援に重要な役割を担っていると考えられる。それゆえに、これからは対象者の就労に関する知識を十分なものとし、関連職種あるいは多事業所との連携を図ることが、その実践に重要であ

ろう。その一方で、その実践が対象者の就労を困難にする社会構造に加担している可能性に留意しながら、社会構造を変容するために行える取り組みを模索していくことも今後の課題となっていくだろう。

謝辞：本稿の執筆にあたり、ゆずりは作業所の加藤篤氏（作業療法士）、坪井啓介氏（作業療法士）には多くのご助言を頂きました、心より感謝いたします。

参考文献
1) 森彩華. 喜多一馬. 訪問看護によるリハビリテーションにより自営する理容室への復職に取り組んだ脳卒中症例. 訪問リハビリテーション2022；12-3：236-240.
2) 厚生労働省　障害者の就労支援対策の状況　https://www.mhlw.go.jp/stf/seisakunitsuite/bunya/hukushi_kaigo/shougaishahukushi/service/shurou.html（アクセス日2023.4.14）
3) PRTIMES　全国初！4年連続最低賃金以上の工賃を実現する就労継続支援B型×世界の植物と昆虫ショップ『アペロヒューレ』オープン4周年！　https://prtimes.jp/main/html/rd/p/000000014.000072465.html（アクセス日2023.4.14）
4) 日本財団　一般社団法人 ラ・バルカグループ　評価概要　https://www.nippon-foundation.or.jp/app/uploads/2019/04/who_dis_eva_2017_03.pdf（アクセス日2023.4.14）
5) PRTIMES　障がい者が活躍する『バーガーキング』が大阪市にオープン. 障がい者雇用の課題にコミット　https://prtimes.jp/main/html/rd/p/000000017.000084175.html（アクセス日2023.4.14）
6) My Funa.net　セブンイレブン経営の「ホエル」グループがA型就労支援事業者「結ぶ」. コンビニ業務を細分化し就労可能な事業体に　https://myfuna.net/archives/townnews/210918（アクセス日2023.4.14）
7) 厚生労働省　障害福祉サービスについて　https://www.mhlw.go.jp/stf/seisakunitsuite/bunya/hukushi_kaigo/shougaishahukushi/service/naiyou.html（アクセス日2023.3.29）
8) こここ　"障害"ってそもそも何だろう？ 困難の原因を「社会モデル」から考える——バリアフリー研究者・星加良司さん　https://co-coco.jp/series/study/socialmodel_hoshika/（アクセス日2023.4.14）
9) こここ　差別や人権の問題を「個人の心の持ち方」に負わせすぎなのかもしれない. 「マジョリティの特権を可視化する」イベントレポート　https://co-coco.jp/series/study/makiko_deguchi/（アクセス日2023.4.14）
10) ひろげよう人権　出口 真紀子：マジョリティの特権を可視化する〜差別を自分ごととしてとらえるために〜　https://www.jinken-net.com/close-up/20200701_1908.html（アクセス日2023.4.14）

＊注釈1
ここでの「マジョリティ」とは単なる多数派ではなく、権力をより持つ側のことを示す. 詳しくは出口[9, 10]の記事を参照されたい。

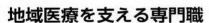

訪問リハでの自動車運転を含めた移動と活動支援

兵庫県作業療法士会自動車運転支援委員会委員長
伊丹恒生脳神経外科病院リハビリテーション部
作業療法士

笹沼 里味

1 はじめに

　自動車による移動は、人々の生活、仕事、余暇等に深く関わる活動である。病気やケガにより身体機能や高次脳機能が低下した方にとって、自動車運転の可否は病前当たり前に行なっていた買い物や仕事等の活動に大きく影響する。そのため、在宅生活者にとって自動車を含む移動手段の獲得は、切実なニードである。また、高齢者が移動手段を失うと今まで行なっていた活動が困難となり、活動量の低下により身体・認知・精神機能が低下する。そして、身体・認知・精神機能が低下することにより要介護度や認知症のリスクが高くなると報告されている[1),2),3)]。この活動量と身体・認知・精神機能低下の負のループを防ぐためには、訪問リハビリテーション（以下、訪問リハ）で、自動車運転のリスクを念頭に置いた慎重かつ適正な支援と運転が困難な場合は代償手段の提供を行い、移動手段の獲得だけでなく、その先にある活動の支援まで行う必要がある。

　そこで今回は、自動車運転と地域移動に関する日本作業療法士協会（以下、日本OT協会）の取り組みと、当院が訪問リハで実施している自動車を含めた地域での移動と活動支援について紹介する。なお、紹介する事例などへは文章と口頭で説明し同意を得ている。

2 日本作業療法士協会の取り組み

　作業療法士（以下、OT）による自動車運転支援は1980〜1990年代に、脊髄損傷、切断等の身体障がい者を対象に試行錯誤を重ねながら、リハセンターや更生施設を中心に取り組まれていた。2000年代に入り、脳損傷者への自動車運転再開支援が回復期リハ病院、急性期病院を中心に軽度片麻痺者や高次脳機能障がい者に対して取り組まれるようになり、日本OT協会

でも組織的に自動車運転と地域移動支援の取り組みが開始された[4]。2016年には、運転と作業療法委員会（現、運転と地域移動推進班）が設置された。

これまでの運転と地域移動推進班（以下、推進班）の活動を中心とした日本OT協会の取り組みを紹介する。

1. OT協会員への教育・研修活動

（1）会員向け教育教材作成

推進班では、2016年度に「運転に関する作業療法の基本的考え方」（以下、「考え方」）を作成している。これは、支援の基本的な視点と知識を総合的に整理し提示したものである。

「考え方」に続いて、2017年に事例集が作成された。この事例集は、日本OT協会のホームページに掲載され、いつでも学ぶことができるようになっており、脳卒中急性期・回復期・生活期、頭部外傷といった脳損傷例に加えて、脊髄損傷、認知症、パーキンソン病および生活行為マネジメント活用例などの具体的な自動車運転支援が紹介されている。

2020年にはこれから運転再開支援に取り組むOTのために、パンフレット「押さえておきたい！運転再開支援の基礎」（図1）が作成された[5]。このパンフレットは、支援経験がない、あるいは支援経験が少ないOT向けに、インテーク、法制度、各種評価のポイント、評価後の視点などがわかりやすくまとめられている。

2021年には、協会員向けのeラーニング教材「自動車運転と作業療法」を作成している。内容は「一定の病気等」をはじめとする道路交通法の解説、運転評価（身体機能評価、神経心理学的検査、ドライビングシュミレーター、実車評価）を中心に関係機関なども紹介している。このeラーニング講座は2022年度から活用が開始されている。

図1　（一社）日本作業療法士協会

（2）研修活動

日本OT協会はOTの運転支援に関する体系的な教育・研修の充実を図るために、「運転と地域での移動手段に関する研修会」を教育部主催の作業療法重点課題研修として2018年度より開催している。この研修は、協会員にとって支援に必要な知識を包括的に学び、より適切な実践につながる重要な機会となっている。

さらに、加齢や病状により運転を断念しなければならない方に対して、OTの支援を考える目的で、自動車以外の移動手段の利用に関する「地域での移動を学ぶ研修会」を2021年度から開催し、自動車以外の移動手段を利用する対象者の支援に役立てることを目指している。

2. 協会内組織強化

（1）士会協力者の配置と全国協力者会議

2016年、日本OT協会は都道府県士会に運転支援窓口の設置を要請し、全ての都道府県士会に「運転と作業療法委員会協力者」（以下、協力者）が配置された。

全士会に協力者が配置されたことで協会と各士会内での相談、情報共有が進み、個々で活動していた運転支援に横のつながりができた。

（2）士会支援事業

2018年より士会支援事業として、①先進施設視察調整、②県士会への出張講座、③医療と免許センター・教習所協会との三者協議の場の設置、という3つのプランを企画し各士会への支援を行い、士会内の支援体制の構築や教育・研修会について検討がなされ、協会員同士の情報共有につながっている。

3. 関係機関との連携構築・強化

推進班では、警察庁、公安委員会、全国指定自動車教習所協会連合会、日本自動車連盟（JAF）、内閣府等との情報収集や調整等の渉外活動を行っている。

3 当院訪問リハでの自動車運転と活動支援

当院は2014年の道路交通法改正に伴い、自動車運転再開支援を開始した。入院中に自動車運転が再開可能レベルまで回復し、退院直後に公安委員会にて運転の再開を許可された方は支援介入者全体の10%程度のため、退院後に医療保険の外来リハや介護保険の訪問リハで自動車運転を含めた移動と活動支援を行っている。

1. 当院の自動車運転再開支援の流れ

当院の自動車運転再開支援の流れを図2に示す。対象者が自動車の運転再開を希望すると、まず免許更新センターや警察署の安全運転相談窓口に行っていただく。窓口で診断書を公安委員会へ提出するよう指示された場合、主治医からOTに運転評価と支援の指示が処方され、OTによる運転評価と支援が開始となる。

（1）面接・説明

運転目的や経歴等を聴取する面接と、自動車運転に関する法律、病気の運転への影響、具体的な支援の流れを兵庫県作業療法士会自動車運転支援委員会発行[6]のパンフレット（図3）を用いて説明し、対象者と家族の同意を得ている。また、対象者と目標を共有するためにカナダ作業遂行測定（Canadian Occupational Performance Measure；COPM）を用いている。

（2）実車前評価

身体機能は、運動麻痺、感覚障害、失調の有無、筋力等を評価する。視力や聴力の検査が必要な場合は、主治医から眼科や耳鼻咽喉科の受診をお願いする。また、生活空間の広がりの指標としてLife Space Assessment（以下、LSA）を用いている。

脳機能は、複数の神経心理学検査を組み合わせて総合的に判断する必要がある[7]。そのため当院でも複数の検査を実施しているが、すべての検査を行うには約2時間を要す。訪問リハで介入できる時間は限られているため、当院では脳機能検査にスクリーニング検査と詳細検査を設けている（表1）。

言語機能に低下のある方には、スクリーニング検査の日本語版Montreal Cognitive Assessmentの代わりにレーヴン色彩マトリックス検査を実施している。

実車前評価の身体機能と脳機能スクリーニング検査終了時に、当院のドライビングチームでカンファレンスを行い、評価結果から明らかに問題がないと主治医が考えた場合は、公安委員会に提出する診断書を作成し、臨時適性検査へ

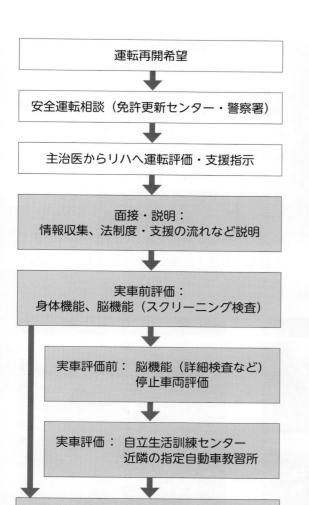

運転再開希望

↓

安全運転相談（免許更新センター・警察署）

↓

主治医からリハへ運転評価・支援指示

↓

面接・説明：
情報収集、法制度・支援の流れなど説明

↓

実車前評価：
身体機能、脳機能（スクリーニング検査）

↓

実車評価前： 脳機能（詳細検査など）
停止車両評価

↓

実車評価： 自立生活訓練センター
近隣の指定自動車教習所

↓

カンファレンス：
主治医が運転機能について医学的判断

図2　当院の自動車運転再開支援の流れ

図3　一般社団法人 兵庫県作業療法士会
自動車運転支援委員会発行

表1　実車前評価 −脳機能検査−

スクリーニング検査（約30分）

・日本語版 Montreal Cognitive Assessment
 （MoCA-J）
・Trail Making Test 日本版（TMT-J）
・Rey-Osterrieth 複雑図形（Rey の図）
・ウエクスラー記憶検査の視覚性記憶範囲
 （Tapping Span）
（・レーヴン色彩マトリックス検査）

詳細検査（約90分）

・ウェクスラー成人知能検査第3版（WAIS-Ⅲ）
 動作性項目
・日本版脳卒中ドライバーのスクリーニング評価
 （SDSA）

つないでいる。
　スクリーニング検査で判断が難しい場合は、脳機能の詳細検査と、必要に応じてその他の検査も実施している。 また、駐車状態の車両を用いて運転能力を評価する停止車両評価[8]も実施している。

（3）実車評価

　脳機能や停止車両評価等の結果から判断するのが難しい場合は、兵庫県自立生活訓練センターや近隣の指定自動車教習所で指定自動車教習所指導員（以下、指導員）による実車評価へつなぐ。兵庫県自立生活訓練センターは、片麻痺や脊髄損傷の方の運転評価が可能な改造車も所有している（図4）。

（4）主治医が運転機能について医学的判断

　すべての評価終了後に再度カンファレンスを行い、主治医が運転機能について医学的に判断し、公安委員会に提出する診断書を作成する。

2. 運転が困難な場合の訪問リハでの支援

（1）運転困難者に対する機能改善練習

　評価で運転が困難であった場合、対象者の希望があれば継続して支援を行い、対象者の状態と環境に合わせた課題を提供している（図5）。

　訪問リハは、入院とは違い時間や設備に限りがある。その限られた中で、身体機能、ADL、IADL改善の練習も行わなければならないため、自動車運転に必要な機能を改善させるために自主練習を取り入れている。パソコンでの認知機能練習[9]や、ご家族に負担がかからない範囲で一緒にゲームをしていただき（図5-a）、認知機能や反応速度改善の練習をする。

　また、在宅ではドライビングシュミレーターでの練習が困難なため、運転行動（認知・予測・判断・操作）に類似した多重課題を練習する。歩道・公園・商業施設などの路面や人等の状況を認知・予測・判断して安全に歩行する課題を行う（図5-b）。

兵庫県自立生活訓練センター

改造車

左手用方向指示器レバー
ハンドル操舵40%軽減
旋回ノブ
手動装置
手動式駐車ブレーキレバー
左足用アクセル、ブレーキ

自動車教習所指導員

図4　実車評価
　　　　　資料提供：自立生活訓練センター　堀井氏

指定自動車教習所

自動車教習所指導員

資料提供：武庫川自動車学園

自主練習

パソコン・ゲームで自主練習

a.
家族とゲームをしながら練習

図5　運転困難者に対する機能改善練習

運転行動（認知・予測・判断・操作）類似練習

歩道	公園	商業施設
段差や傾斜	凸凹な地面	人や物

b.
路面や人等の状況を認知・予測・判断し安全に歩行

（2）代償手段による活動支援

介護保険を利用されている方では、身体機能や高次脳機能障がいの影響で自動車運転の再開が困難な場合が多い。そのため、運転が困難な場合は代償手段による買い物や仕事等の活動の再獲得を支援している。

主な代償手段として、公共交通機関、自転車や電動車いす等の乗り物、地域資源（地域移動サービス、デイサービス、買い物送迎、移動販売）の情報を対象者に合わせて提供している（図6）。

公共交通機関を利用する場合は、バス・電車の乗り降りや乗り換えの練習を自宅や実際に行うだけでなく、外出するまでの準備（着替え、下肢装具や靴の着脱）や、日傘・雨傘をさして歩く練習等、対象者の外出に必要な活動の練習

も行う（図6-a）。また、各自治体で独自の移動支援サービスがあるため、対象者に居住地の情報を提供している。 移動支援ポータルサイトのiconavi（https://iconavis.com）では、都道府県・各自治体の移動支援サービスや移動販売等の情報が紹介されており、対象者へ代償手段の提案を行う際に参考にしている（図6-b）。

自転車や電動車いす等の乗り物を導入する場合は、対象者の年齢や身体・認知機能、そして生活環境から安全に乗車できるかを評価して導入し、定期的に運転状況の確認を行っている（図6-c）。

買い物については、デイサービスでの買い物支援（図6-d）やスーパーによる買い物送迎、移動販売などの情報を利用者や家族、担当ケアマネジャーに提供している。

a. 外出・バス乗車練習

b. 地域移動支援サービス

c. 電動車いす運転評価

d. デイサービスで買い物

図6 代償手段による活動支援 ※ショッピングリハビリカンパニー,iconavi 管理者より許可を得て転載

（3）訪問リハでのさまざまな移動と活動支援

　訪問リハでの関わりが、病院を退院してからの利用者とご家族の生活、今後の人生に大きく影響する。そのため日々の臨床では、利用者がその方らしく暮らしていくために、現状維持ではなく最大限の身体機能、移動能力、活動能力の改善を目指して支援を行なっている。

　利用者からは、「病気になる前にしてた○○ができるようになりたい」や「病気になる前と同じようにしたい」など、その方らしい要望が聴かれる。　移動に関しては「もっと早くきれいに歩きたい」「買い物してると杖が邪魔だし、杖ついてると障害者ってすぐわかるから嫌やねんな……」等、その方らしい思いがある。私たち訪問リハセラピストは、このようなその方らしい要望に全力で応えなければならない。

　以下に、移動・活動に関する利用者からの要望と支援の例を図7に紹介する。

図7　利用者からの要望・支援例

a. バスで外出

「病気になる前みたいに外出したい」
自動車での外出が困難になったため、バスに乗って外出へ。

b. 杖なし歩行

「杖なしで歩きたい」
筋力増強やバランス練習を行い、杖なしで歩行できるように。

c. 自転車で外食へ

「長い距離を歩けなくなったから自転車に乗れるようになりたい」
バランス練習等を行い自転車運転が可能に。自転車に乗ってご家族で外食へ。

d. 電動車いす

「いつものスーパーに行きたい」
自宅周辺は歩行可能だが、スーパーまでは困難であったため電動車いすをレンタル。

e. ハンドル型電動車いす

「一人で外出（通院、買い物、カメラ撮影）したい」
重度のCOPDにより屋外歩行困難。ハンドル型電動車いすに携帯型酸素ボンベを積んで、病院やスーパーの中まで移動。

f. 就労（清掃作業）

「デイや訪問リハがない日は家でずっとTVばかり見てていいのかな……」
活動量の増加と役割を持つために、週2日就労継続支援B型へ。
麻痺側の左手も使って清掃作業。お給料で奥さんにプレゼントを購入。

3. 事例紹介

（1）運転再開による活動獲得事例

> ## Aさん
> 60歳台、男性、右利き、要介護3
> 右脳梗塞、左上下肢片麻痺、高次脳機能障害
>
> ---
>
> ・妻（60歳台、運転免許なし）と同居
> ・脳梗塞発症6ヵ月後に自宅退院、訪問リハ開始
> ・週1回の訪問リハ（OT）を利用
> ・Aさんの訪問リハ希望
> 「左上下肢機能・生活動作改善」
> 「自動車運転を含めた復職、趣味（ゴルフ、旅行）の再開」

運転初回評価（退院3ヵ月後）

面接

COPM：「車に乗って、工場やゴルフや別荘に行きたい」

重要度8・遂行度0・満足度0

身体機能

視力、聴力：問題なし

BRS：左上肢Ⅲ、手指Ⅲ、下肢Ⅳ

感覚：表在・深部ともに中等度鈍麻

筋力：右上下肢筋力MMT 5

ADL：FIM92/126点

入浴：中等度介助

歩行：近接監視（短下肢装具、T字杖使用）

自宅内移動：車いす自操（図8-a）。左側にぶつかることあり

LSA：20/120

脳機能

スクリーニング検査

MoCA-J：25/30

TMT-J：A 61秒（異常）、B 129秒（異常）。左側の探索に時間を要す。

Reyの図：模写35/36、再生14/36

Tapping Span：同順、逆順ともに5点

詳細検査

SDSA

・運転予測式：合格予測式＜不合格予測式

・ドット抹消：所要時間492秒、誤り数38個

・コンパス：8/32

・道路標識：5/12

WAIS-Ⅲ：動作性IQ 80、知覚統合 79、処理速度 93

停止車両評価

自動車への乗降、右手のみでのハンドル・ギア操作、アクセル・ブレーキ操作可能（図8-b）。

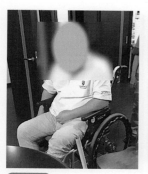

図8-a　自宅内車いす移動

図8-b　停止車両評価

カンファレンス

全ての評価結果から、分配性注意や遂行機能の低下を認めるため、現時点での運転再開は難しいと判断した。

介入

対象者が、運転支援継続を希望されたため認知機能、反応速度改善練習として、自主トレで家族とのゲームを行なった。ゲームは麻痺側左上肢や空間認知の練習も兼ねたものを提供した（図8-c）。また、訪問リハでは運転行動類似練習を行なった。（図8-d）

運転最終評価（運転初回評価から3ヵ月後）

面接
COPM：遂行度10、満足度8

身体機能
ADL：FIM94/126点
自宅内移動：杖歩行自立
LSA：68/120

脳機能

スクリーニング検査
MoCA-J：26/30
TMT-J：A 48秒（正常）、B 59秒（正常）
Reyの図：再生20.5/36
Tapping Span:同順10点、逆順8点

詳細検査
SDSA
・運転予測式：合格予測式＞不合格予測式
・ドット抹消：所要時間321秒、誤り数14個
・コンパス：28/32
・道路標識：8/12
WAIS-Ⅲ：動作性IQ 84、知覚統合 83、処理速度 97

実車評価

3ヵ月間の介入により当院の実車評価レベルまで脳機能の改善を認めたため、兵庫県自立生活訓練センターで実車評価を受けた。その後、公安委員会の臨時適性検査を受け、運転が許可された（図8-e）。

自動車運転再開

自動車運転再開により仕事場や別荘への移動が可能となり、生活空間が広がり、活動量も増加した。

図8-c
自主トレ

図8-d
運転行動類似練習

図8-e
自動車運転再開

（2）代償手段による移動と活動獲得事例

> ### Bさん
>
> 70歳台、男性、右利き、要介護1
> 左脳梗塞、軽度右上下肢麻痺
>
> ・一人暮らし。長女が車で片道40分の所に居住
> ・鉄工所を経営（自宅から工場まで自動車で8分）
> ・脳梗塞発症4ヵ月後に自宅退院、訪問リハ開始
> ・週1回の訪問リハ（OT）、週2回のデイサービスを利用
> ・Bさんの訪問リハ希望
> 「上下肢機能・生活動作改善」
> 「仕事復帰」
> 「買い物、仕事、病院、ボウリング場に自分で行きたい」

　訪問リハ開始当初は、右上下肢機能改善、復職支援を中心に介入を行い、退院1ヵ月後に、まだ出来ない作業（高い位置でのネジ操作）はあったが復職された。通勤に利用できる公共交通機関はバスであったが、1日の本数が少なく利用できなかった。自動車運転に関しては、長女を含めた4人の娘が「手足も不自由だし高齢なので、もう運転はして欲しくない」という思いであり、B氏もその思いを受け入れていた。そのため、通勤は長女が運転する車での送迎となった。しかし、復職3ヵ月後に「毎日、娘に送ってもらうのが申し訳ないから自転車に乗れるようになりたい」と希望があり、自転車の乗車支援が開始となった。

自転車初回評価（退院4ヵ月後）

面接

　COPM：「自転車に乗れるようになって、一人で仕事や買い物、病院、ボウリング場に行けるようになりたい」
　重要度10・遂行度0・満足度0

身体機能

　視力、聴力：問題なし
　BRS：右上肢Ⅳ、手指Ⅳ、下肢Ⅴ
　感覚：表在・深部ともに軽度鈍麻
　筋力：左上下肢MMT 4～5
　握力（左）28.5kg、（右）7.2kg
　Functional Balance Scale（FBS）：33/56
　ADL：FIM120/126点
　起居：柔軟性低下のため物的介助要
　歩行：T字杖、短下肢装具装着にて独歩自立
　階段：物的介助要
　LSA：79/120

脳機能

　MoCA-J：23/30
　TMT-J：A 84秒（異常）、B 159秒（異常）
　Reyの図：模写34/36、再生14/36
　Tapping Span：同順10、逆順9
　SDSA
　・運転予測式：合格予測式＜不合格予測式
　・ドット抹消：所要時間436秒、誤り数22個
　・コンパス：28/32
　・道路標識：7/12

自転車乗車評価

　・ハンドル操作：右手をハンドルまで上げた状態を保つことが困難で操作不安定
　・ブレーキ操作：右手の握力が不十分で右ブレーキ操作が困難
　・自転車乗降：バランス低下によりまたぎ動作、駆ぎ初めが不安定
　・左右目視：柔軟性の低下により頸部、体幹の回旋での目視が不十分

　評価の結果、ハンドル・ブレーキ操作が行えず、自転車の乗り降りも不安定であったため、自転車乗車は困難な状態であった。

介入

右上機能、バランス、柔軟性改善のために、筋力強化、空間での右上肢操作練習、柔軟体操、バランス練習、階段昇降、悪路の斜面歩行練習等を行った（図9）。

自転車最終評価（退院7ヵ月後）

面接

COPM：重要度10・遂行度10・満足度6

身体機能

BRS：右上肢Ⅴ、手指Ⅴ、下肢Ⅴ
筋力：左上下肢 MMT 4〜5、
　　　右上下肢MMT 3〜4
　　　握力（右）15.7kg
FBS：49/56
ADL：FIM124/126点
歩行：自立（杖、下肢装具不要）
LSA：120/120

脳機能

TMT-J：A 44秒（正常）、B 79秒（正常）
SDSA
・運転予測式：合格予測式>不合格予測式

自転車乗車評価

・ハンドル操作：操作可能
・ブレーキ操作：右手でのブレーキ操作可能
・自転車乗降：安定して可能
・左右目視：左右後方まで目視可能

自転車乗車可能

介入の結果、自転車乗車が可能となった。また、右上肢機能改善により復職当時はできなかった高い位置でのネジ作業も行えるようになった（図9）。

図9 事例Bさんへの移動・活動支援

自転車で仕事、買い物、病院に一人で行けるようになったことにより、生活範囲も広がり、活動量も増加した。また、長女さんへの負担が減ったことにBさんはとてもホッとされていた。

4 おわりに

障がいのある方への自動車を含めた移動支援は、移動だけでなく、その先にある活動まで支援を行うことにより、自立度や生活の質が向上し、要介護度の軽減や健康寿命の改善にもつながる可能性がある。そのため、訪問リハでの利用者の生活に寄り添った移動と活動支援が望まれる。

謝辞：本稿の執筆にあたって、資料提供や掲載にご協力いただいた兵庫県自立生活訓練センター教習指導員の掘井好典様、武庫川自動車学園副管理者の森本晃様、iconavi の永島匡様、ショッピングリハビリカンパニーの杉村卓哉様、尾添純一様、その他多くの方々にご協力をいただきました。心よりの深謝を申し上げます。

引用文献

1) Shimada H,et al. Driving and incidence of functional limitation in older people:A prospective population-based study.Gerontology.62（6）:636-643,2016.
2) Shimada H,et al. Lifestyle activities and the risk of dementia in older Japanease adults. Geriatr gerontolint,18（10）:1491-1496,2018.
3) Hiroshi Hirai,et al.The risk of functional limitations after driving cessation among older Japanease adults:The JAGES cohort study.J Epidemiol.2020;30:332-337.
4) 小倉 由紀, 他. 運転と地域移動に関する日本作業療法士協会の活動.作業療法ジャーナル2023;57:129-34.
5) 一般社団法人 日本作業療法士協会. 運転と地域移動支援推進班:押さえておきたい! 運転再開支援の基礎. https://www.jaot.or.jp/files/page/draive/draive-untensaikaisiennokiso.pdf
6) 一般社団法人 兵庫県作業療法士会 自動車運転支援委員会発行:兵庫県版自動車運転再開支援パンフレット, 2022.
7) 渡邊修, 他. 認知機能と自動車運転. 日本交通科学学会誌 2016;16:3-10.
8) 藤田佳男, 他. 作業療法とドライブマネジメント. 文光堂; 2018.
9) 橋本圭司, 他 高次脳機能バランサー. 株式会社 LEDEX.;2008.

生きがいや趣味につながる訪問リハのあり方

紀州リハビリケア訪問看護ステーション
作業療法士
寺本 千秋

1 はじめに
「生き活き（いきいき）した暮らし」との伴走こそが訪問リハビリテーション

訪問リハは「生活リハや在宅リハ、生活支援や在宅ケア等」と広い意味で表現されることがある。人が生活をする場面でリハビリテーションや支援をするために、まずは「生活の意味」を考えてみる。

"生きる"こととは、「生命・人生・余生等」、人生においての生命を守ることであり、"活きる"こととは、「活動・活躍・活気等」、活動の中でやりがいや生きがいを保つことではないだろうか。生活をするということは、生きて活きることであり、訪問リハではそれを支援してケアできるものでなければならない。まさに対象者の暮らしとの伴走こそが「訪問リハビリテーション」であると考える。

"生きる"ための訪問リハでは、疾病や障害、加齢等による心身状態がわかり、その対象者の暮らしの安全と安心を提供すること重要であ

る。本項では"活きる"ための訪問リハを考える機会とし、作業療法士の強みを生かした事例を紹介する。皆様が訪問リハを実践する上で何らかの一助になれば幸いである。

2 どうして活動や参加につながらないのか？

新規で対象者の訪問リハが始まり、身体状況や生活環境が概ね把握できると、まずはADLの安全性と効率性や、今後獲得できるであろうことを、対象者や家族、ケアマネジャー等と共有して、プログラムの立案を行うが、その際にリハ専門職は、訪問リハの開始から早い段階で、対象者の「生きがいや趣味」は何だろうと考え、またそれにつなげるためにはどのような関わりが必要なのかを"頭の中では"考えていることが多いのではないだろうか。しかし、その具体的な方法がわからず、生活環境に応じた身体機能や活動に対する支援を継続し、対象者自身も

その遂行しているプログラムが日課となってしまい、生きがいや趣味にまで発展できないといった経験をすることがある。

再び趣味活動ができるようになるために……訪問リハで対象者の目標や再建したいことを、まずは「傷病・疾病前の趣味や役割」で考えてしまうことが多いのではないだろうか。それが良くないという訳ではなく、当然、障害があったとしても、何らかの工夫でそれができるようになり、喜びや生きがいとなることもある。一方で、対象者自身が傷病・疾病前のことに執着するような事もあれば、支援者がそれを目標にして「〇〇ができるようになるために頑張りましょう！」などと、その土俵から下ろさせないようにする場合もある。まずは傷病・疾病前の趣味や役割が今の楽しみにもなるとは限らないことを心に留めておき、以前、このような趣味や役割を持っていたという情報は、その方の人生の一部として把握しておくことが大切である。もし、芸術を仕事や趣味で活躍していた方がそのクオリティーを大きく落としてできたとしても、それがこれからの趣味活動として繋がるだろうか？　教職員だった方に対して、人に教えることが好き、得意であると決めつけて、地域のコミュニティーへの参加を促し、役割を持ってもらうことが、その方にとって幸せなのだろうか？　私が要介護状態になって訪問リハを受ける立場になって、「作業療法士だった。訪問作業療法士をしていた。運動すること、動物や熱帯魚の飼育が好きだった」などの情報から、私の訪問リハの活動を考えられるとすれば、そんなリハ専門職の訪問リハは願い下げだ。今まで色んなことをしてきているのだから、はじめてすることでもいいから今からできることをともに発見して欲しいし、今は滅多に行けない墓参りができるようになること考えて欲しい。

なかなか面と向かっては恥ずかしくて、言葉では伝えられないだろうが、離れて住む息子たちの顔をたまには見たいし、声を聴きたい。もし訪問リハの担当者が、運動が好きであったことや、滅多に行かない墓参りをしたい、この二つの情報から私の価値観に気づき、息子たちと会う機会のために、外出ができるようになるためのプログラムや連絡を安易に操作ができるツールを提案してくれるリハ専門職だったら、私はこの担当者に心から出会えて良かったと思うであろう。

訪問リハでは対象者が暮らす場所で多くの会話をする。その関わりのなかで、何気ない言葉まで傾聴し、その時の表情や振る舞いを敏感に感じ、生活歴などからわかっている情報を統合し、対象者の言葉を結び合わせることが、真のニーズを発見する唯一の手段かもしれない。支援者は対象者に対して、専門職としてのサービスをどのように提供すれば良いかということだけを考え、視野狭窄になっていると感じる場面をよく目にする。どんな行為にもその人の価値観が影響している。だから支援者は間違うのだということを、まずはリハ専門職として知っておく必要がある。私自身が対象者の真のニーズに気づくために、訪問リハにおいて大切に感じていることを紹介する（**表1**）。これは当たり前のことではあるが、わかっているようで実際は十分にできていないことも多いと感じている。私自身も訪問リハで作業療法士として20年以上従事し、ようやくこの言葉の意味を理解できてきたように思う。

表1

リハ専門職が対象者の真のニーズを発見するための心得

① 私たちの価値観を見つめること

② 対象者の言葉に耳を傾けること

③ 自分たちの限度を知り、対象者とともに行うこと

④ 専門家がいうことを理解し、それを実践につなぎ、創造・思考し、発展させること

⑤ その効果を確認すること（対象者とともに）

⑥ 思考技能を使用し、困難な状況をともに考えること

3 訪問リハにおけるリハ専門職の役割で忘れがちな大切なこと

1. 作業活動の捉え方

定期的な運動の場で活動を続けることは、筋力や体力の維持の一助にはなるが、最も重要なのはどのような日常を過ごしているのかを知ることにある。日常生活をADLやIADLなどと簡単に表現し、何ができて何ができていないのかと言うところに着目し、どのようになれば（すれば）できるようになるのかということを考える。1つの目的動作は多くの作業の連続でなりたっている。本当に運動機能・認知機能を維持していくためには、起床して就寝するまでには、無数の作業があり、その作業の中で、一つひとつの作業がどのような作業構成であり、どのような機能をどの程度が行われているのかをイメージできなければならない。

IADLで洗濯物を干す・買い物（距離、セルフレジ）をする作業を見てみる。洗濯を干す作業では、物干しに掛けるだけなのか、洗濯バサミを用いるのか、高さの違いや洗濯機の種類、どこに干すのか等がある。ADLにおいても同じで、環境と方法の違いがあれば活動量も操作性も異なる。1つの目的動作を細分化して見てみると、同じ行為でも1つの作業はそのおかれ

た環境によって、運動機能（活動量、操作性）、認知機能（順序、遂行）、程度が大きく異なることは知っておきたい。

2. サービス提供時間以外の暮らしを知ること

在宅で暮らす要介護者は心身状態や生活環境において、その方に必要な様々な介護保険サービスを受けている。サービスの利用頻度については、介護度や家族のマンパワーの違いで大きく変わるが、訪問リハ対象者は、通所介護や訪問介護を併用して活用していることも多い。

対象者が利用する全てのサービス提供の時間を除いた時間をどのように過ごしているかということを知っておく必要がある。これは訪問リハで特に大切なことだと捉えている。余暇時間に、テレビを見るにも座っているのか寝ているのか、いつ、どの程度の時間なのか等、1つの生活行為には、過ごし方によって心身機能に及ぼす影響は違う。

退院前カンファレンスでは、当然のことであるが、まず家族負担を考慮し、安全で安定した生活ができることを念頭にケアプランが作成されることが多い。その為にどのようなサービスがどの程度必要なのかということを考える。サービス担当者会議では、各事業所の支援経過の報告がされる。それぞれの事業担当者がどの

ようなサービスを提供しているのか、対象者の状態の共有等のみで終了する会議も存在する。ケアプランについての意見を伝えることは重要なことではあるが、リハ専門職は早期よりサービス提供時間以外の過ごし方について、イメージしておく必要がある。

　介護保険法は"自立支援"というが、自立支援の自立とは、サービス提供時間以外の時間をどのように過ごし、何をどのようにしている（できる）のかということではないだろうか？　訪問リハのサービスは40分～60分を、週に1日か多くても3日であるがゆえに、運動機能の維持改善を目的に、訪問日以外の日に行う自主トレーニングを提供することも多い。そんな中でも、訪問日に自主トレーニングはできていたか否かを確認するより、まず前回の訪問リハからその日までの間で、体調や生活で変化があったことや、どのように過ごし方をしていたかを知れるかかわり方を持ってほしい。

3. ADLの予後予測

　リハ専門職の強みは、ADLの予後予測ができることにあると考えている（図1）。医師や看護師の方は、疾病による全身状態の変化を診て生命の予後予測ができる職業として捉えている。「この褥瘡は薬剤や処置及びケア方法を見直さなければさらに悪化するであろう」「このまま積極的な治療がなければ余命3ヵ月程度であろう」や「服薬を○○に変更すれば1週間程度で改善するであろう」等、訪問リハの連携のなかで、そういった場面に遭遇することがあるが、概ねその通りになることを経験する。リハ専門職の強みであるADLの予後予測とは、「近くのスーパーが閉店して買い物に行けなくなったことで、半年後には○○ができなくなるであろう」「トイレが使用できない環境または状態が3ヵ月間続きポータブルトイレを使用したことで、3ヵ月後には室内歩行が不安定になり移動にトイレ動作に介助が必要になるであろう」や「2階への階段昇降ができるようになれば、玄関先の花壇の水やりもできるようになるであろう」等、活動や生活行為の変化によって、運動機能や認知機能が変化してその先に起こる可能性があるADLの変化である。それぞれの強みを生かした情報は、ケアマネジャーを中心とした連携のなかで、対象者にとって効果的なチーム医療やケアを提供することが大切である。

図1　訪問リハで、対象者と伴走できるにリハ専門職になるために!

リハ専門職の強みをより良いものにするためには、現場対応能力を向上させることが不可欠である。その為には特に訪問リハにおける、環境面・フィジカルアセスメント・コミュニケーション力を高めるための、自身による日々の研鑽が必要である。

4. リハ職が伝えるべきケアマネジャーやかかりつけ医への情報提供

情報提供で忘れがちなことは、一言で言えば「ポジティブな報告」である。身体状況の悪化という情報を把握した場合、ケアマネジャーやかかりつけ医へ報告することは当然であり、スケジュールの変更や家庭環境の変化等を把握した場合などは、ケアマネジャーに報告する必要がある。しかし報告することはこれらの内容がほとんどで、「今日の訪問リハでは○○ができるようになりました」「○○をやってみたいとの発言がありました」等のいわゆるポジティブな報告は、報告書に記載する程度で終わることがある。書面ではなく言葉で伝えることには意味がある。言葉でコミュニケーションを取ることで、自分から伝えた情報が相手の持っている情報と価値観と交わり、自分では考えつかないであろう提案が生まれることがある。また同じ目標を共有している支援者と効果や達成感を確認することは重要であり、それは支援者間の信頼関係にもつながる。

4 訪問リハの卒業と集団活動の効果

総合事業（訪問型Cサービス）や従前サービス（予防訪問リハ等）の卒業先として、総合事業Aサービスや自主グループ活動等がある。これらのサービスは、運動を集団で行う場となっ

ていることが多い。これらの場を活用することで、運動機能が維持改善された報告も多く見られるが、月に1〜4回程度の運動でそれほどの効果が得られるとは考え難く、その運動のみで維持改善したと考えるのは少し無理がある。

そのような場での活動がなぜ効果があるのだろうか？　当然、定期的な運動機会は一定の運動機能維持の役割は担っていると考えられるが、集団活動へ参加することで得られる効果を確認しておきたい。

その場へ行くための作業とは？　人と会うこと⇒整える（化粧・髪をとく）、運動をする⇒（着替える・動きやすい服を選ぶ）、そこへ向かう道中（不安定な道を歩く・景色の変化・車両に注意する・立ち話する）、その場へ参加するためには、これだけの多くの運動機能や認知機能を用いて人は作業を行う。また集団の効果（人と会話する、他の人が頑張っている、地域の情報を得る等）も得ることができる

5 事例紹介 〜作業の力〜

1. 以前の趣味や役割から考える活動

80代男性 （写真1）

要介護2

日常生活自立度

寝たきり度：B1　認知症の状況：Ⅱb

主たる傷病名

認知症・高血圧症・糖尿病・冠動脈ステント術後

老老介護で妻と二人暮らしで、妻は夫の介助が十分にできる身体状況ではなく、屋内つたい歩きで転倒リスクがあった。退院後は自宅内移動・トイレ・入浴が安全に行えるように、環境調整及びADL練習を中心に行った。外出機会は

ほとんどなく、日中はソファ椅子に座りTV鑑賞をしている時間が長かった。以前は近隣の喫茶店に出かけることが日課で、妻とは年に数回は国内旅行へ出かけており、自宅には旅先の写真や地名が書かれた提灯が無数に飾られていた。

その後、杖歩行も安定し、徒歩ですぐ近くのスーパーや地域活動の拠点となっている公民館までの往復を練習して、杖歩行で行けることを確認した。これら活動につなげようと考えたことには、食意欲が高く、糖尿病で菓子類は1日1つとご夫婦で決めていたルールがあり、いつも妻が一人で買い物に出かけることを心配する言動があったこと、喫茶店でなじみの方との交流が楽しみであったことにあった。夫婦で買い物へ出かけ、1日1つの菓子を買いに行くことは必ず活動につながると考えていたが、それが活動につながることはなかった。ある日、旅先や家族での写真を見ていた時、家族に比べて本人が写っているものが少ないことに気づいた。妻から「お父さん写真を撮るが上手いのよ。写真はお父さんの係ね」との言動があり、本人より写真を上手く撮るコツを話してくださり、3月になったら公園へ桜の写真を撮りに行こうという話がでた。桜が満開を迎え、カメラを首に掛けて公園へ向かった。向かう足取り（歩容）は杖に頼る感じもなく、レンズを覗くと杖を離して中腰になる。作業療法士としては少しヒヤヒヤしながら近くで見守っていたが、ふらつくこともなく何度もシャッターを切った。その後、娘や孫家族が遊びに来たときに写真を撮ることや妻の買い物へもついて行く機会が増えた。やはり「作業の力は凄い」と感じる。ふらつくことなく両足を踏ん張りシャッターを覗き、妻の笑顔をレンズに収め、出来上がった写真を皆で鑑賞し談笑する。そしてこの作業からその後の活動にも変化が生まれたのだ。

写真1　作業の力

桜の写真を撮る日

この瞬間を見るためにかけつけてくれたケアマネジャー（左）
久しぶりに夫のカメラの前で笑顔を見せる妻（右）

杖を置いて真剣にレンズを覗く姿

◇◇◇◇◇◇◇◇◇◇◇◇◇◇◇◇◇◇◇◇◇◇◇

80代女性

要介護1　独居

日常生活自立度

寝たきり度：A1　認知症の状況：Ⅱa

主たる傷病名

大腿骨頸部骨折術後（自宅内での転倒）・高血圧症

元高校の書道教員で書道界ではかなり名の通る書道家である。退職後も多くの弟子をとっており、高齢になり巧緻動作が難しくなり筆をおいてからも書道の指導は続けていた。独身で親族の支えが望めない中、弟子からの人望は厚く、多くの弟子に支えられて退院されてからも独居にて過ごしていた。

訪問リハは退院後すぐに始まり、退院直後は歩行に不安定さを認めた。転倒対策の環境調整、洗濯物が干しやすい環境面での工夫、入浴動作練習等を行い、1ヵ月後には、週2回の生活援

助を利用するだけで、ADLやIADLのほとんど
が自立となった。その後、書道教室として使用
していた2階への昇降や玄関先での花の水やり
等も可能となった。しかし一人で外出すること
は困難で、日中はTVを観て過ごすことが多
かった。

　本人の目標は、弟子たちの展覧会で車いすを
使わず、会場ではゆとりをもって歩けるように
なりたいとのことであった。訪問作業療法の場
面で「もう書けないが指導はできる。表彰を受
けた作品は○○に寄贈して展示してもらってい
る。弟子たちの活躍を喜ぶ言動、弟子たちへの
感謝」等、本当に書道が好きで自尊心を高く持っ
ている対象者であると感じた。また訪問リハの
計画書にサインをいただく時は、できるだけ文
字がきれいに書けるように書きやすい環境を整
えて記入していただいた。書くことに問題はな
いが、確かに書道家として筆をおく決断をした
ことに納得はできた。

　これらの状況で、訪問リハでのかかわりは、
この頃、歩行練習に少し消極的な日が度々が
あったが、展示会でより安定して持久力のある
歩行レベルに向かうことだけが役割なのかどう
か考えた。書道一筋の人生のなかで、自尊心が
高くそれを支える多くの弟子たち囲まれている
生活の中で、もう一度、ご自身の作品を別の形
で表現するために、今までの作品を画像に加工
し、本格的なカレンダーを作製することを提案
した。目の色が変った瞬間はすぐにわかった。
次に訪問リハでは、カレンダーに使う作品選び
を行ったが、目の輝きが別人のようであった。
作業療法士と12作品を選んだが、その翌週、弟
子たちと再度検討したと、ほとんど違う作品が
選ばれていた。それもまた作業療法士として嬉
しかった。作業を通じて多くの人とかかわりが
持て、元気になれると実感させてくれたからだ。

以前の趣味や役割が再現できなくても、それを
別の形として活用し、表現することで、歩んで
きた人生を振り返り、新たな作品つくりに楽し
み感じる。その方にとって幸せはその方の価値
観であることを忘れはならない。

<h2>2. 新たな趣味や役割の発見から得た活動</h2>

30代男性 （写真2）
重度心身障害者手帳1種1級
主たる傷病名
痙直型脳性麻痺

　高校を卒業後、就労継続支援B型事業所で非
正規雇用労働者として週3日の勤務をしてい
た。また痙縮による筋のこわばりが強く、週1
日の外来リハを継続的に利用していた。30歳に
なった頃から、勤務後に帰宅した日は頸部・腰
部の痛みや倦怠感が強く、勤務も2日に減らし
て退職を考えていた。自立していた自宅でのトイ
レ動作にも介助が必要となったことで、両親
より訪問リハを希望された。

　「仕事のない日は何とかトイレは大丈夫。勤
務を2日に減らしたことで少し楽になった」と
のことであった。明らかに勤務の作業環境が影
響していると考え、訪問リハの空いた時間に勤
務地へ見に行き、その環境を確認した。作業姿
勢は不良であり、痛みや倦怠感の原因となって
いた。またPCデバイスの操作にも誤操作が多
く苦労しており、作業効率が低くなっているこ
とがわかった。

　これらをすべて改善したことで、訴えであっ
たことは解決した。その後、勤務日数を増やす
ことができ、現在は同じ事業所で正社員として
勤務している。また「この身体でゲームやSNS
がしたい」との希望があり、自宅でもその環境
を整えた。人は景色が変わればその環境下での

写真2

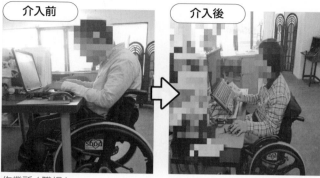

介入前 → 介入後

作業所（職場）

	介入前	介入後
PCデバイス	工夫無し	・複数キーの同時押しが可能 ・外部スイッチの作成
机上環境	工夫無し	傾斜台の導入
車いす調整	座面に座布団を3枚重ねて使用	背面と座面にウレタン素材のクッションをそれぞれ導入
作業効率	誤操作が頻回	職員の修正はほとんど要さず
自宅内ADL	夕方～夜間の疲労感が強く介助に時間を要する	疲労感が減少し介助がスムーズに
自宅の会話	「疲れた」 「今日もミスした」	「この身体でゲームをしたい」

職場見学（訪問）を3回実施
①環境評価　②環境調整（姿勢/PC）　③デバイスの導入

マクロ設定

カーソル位置の変更

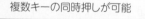

複数キーの同時押しが可能

カーソルキーは
使いやすい左手側へ設置

思考が生まれる。新たな趣味や役割を持つために、リハ専門職だからこそ、その景色を見せる支援ができるのであると考える。

　訪問リハは現在も継続しており、今は将来を見据えた作業療法を考えている。新たな趣味や役割を持った方は必ずその先の発展がある。それは今後、両親が高齢になることを考慮してADLを維持するための訪問リハではなく、これから生きていく上で必要となるものを、自分で気づける価値観を見つけて行動できるようになるために、伴走者として歩むことである。

6 おわりに

　"意欲がない"と対象者ご自身が話をすることもあるし、残念ながら未だ支援者から聴かれることもある。"意欲がない"のではない。「明確にイメージできる何らの目的や目標」がないのだ。リハ専門職は訪問リハという資源のなかで、対象者の声を傾聴し、明確にイメージできる目的や目標を共に考え探すことで、対象者の方と伴走できるのではないだろうか。

「人生を豊かにするごはん」は在宅支援の要である

EatCare クリエイト 代表
言語聴覚士

川端 恵里

1 はじめに

「孫たちが来てくれるからお寿司を一緒に食べたい」、「敬老の日や節目の誕生日には好きな鰻重でお祝いしたい」、「お正月は家でおせち料理を食べることが毎年の恒例行事だから、今年も食べたい。これが最後のお正月かもしれない」、「せめて最期にふるさとの田舎寿司を食べさせてあげたい」

これらの言葉は、すべて摂食嚥下障害を抱える人とその家族から寄せられた願いである。この言葉には、食べる場面を通して「人生の物語」を描きたいという思いが表されている。食事は栄養摂取が目的であるが、人を育み、つながり、支え、慰め、ねぎらい、コミュニケーションの一端を担い、豊かな暮らしの実現において重要な役割を持つ。筆者は、摂食嚥下障害を抱える人とその家族からこのような思いを聞くたびに、食は人生において「物語」の一編であり、

それをつむぐための伴走をすることが食支援であると実感する。

本稿では、食支援に携わる専門職として、どのような支援を行っているか紹介するとともに、在宅支援および家族支援について見解を述べる。

2 訪問リハビリテーションでの経験から

筆者は、言語聴覚士として、病院、高齢者福祉施設、訪問看護ステーション等で摂食嚥下障害を抱える人に対して、言語聴覚療法、摂食嚥下リハビリテーションの実践を重ねてきた。病院勤務時代は、退院時に嚥下機能について説明をしたり、嚥下造影検査結果の解説をしたり、水分のとろみのつけ方なども指導した。しかし、訪問リハビリテーション（以下、訪問リハ）の臨床現場で見たものは、「とろみは、おいしくないから嫌だ」という理由でとろみのついてい

ないお茶を飲んでむせる高齢者の姿、山のように積まれた経腸栄養剤や、箱に入ったままの栄養補助食品。電子レンジの使い方がわからず高齢者配食サービスのムース食弁当を冷凍のままかじりついている高齢者もいた。体重は減少し、トイレに行くたびに転倒を繰り返し、活動性は乏しく、日常生活がしぼんでいく姿を目の当たりにした。かつての退院時指導は日常生活に活かしきれていない現実があった。訪問リハの週に一回60分程度の嚥下訓練だけでは、その嚥下機能を維持することはできても、当事者が望む暮らしを支援するには十分ではないことを悟った。

　一般的に言語聴覚療法の訪問リハでは、医師の指示に基づき、評価、計画立案、訓練、フィードバック等、日常生活動作の再獲得に向けたプログラムを実施する。ほかにも食事環境調整、栄養学的助言、誤嚥や窒息の対応など、多岐にわたる支援・助言が必要であるが、限られた訪問時間内にそのすべてを網羅できないことが多い。特に、嚥下訓練では食物形態の調整についての指導・助言は重要であるが、訪問時間内に家族指導、調理指導まで実施できないことも多い。また、言語聴覚士自身が、嚥下調整食（以下、嚥下食）の作り方や調理の工夫についての知識と技術、情報を持ち合わせていない場合もあり、日常生活の食事作りについての有益な情報提供ができないという葛藤を抱えることもある。

　それゆえに、当事者とその家族の暮らしを支えるためには多職種連携が重要と言われており、既存の医療・介護サービスのみならず、医療・介護保険外サービスや福祉サービスを含めたさまざまな生活支援サービスが、サービス利用者の選択に基づき、日常生活の場で適切に提供できる地域包括ケアが必要なのである。

3 家族は嚥下食を食べた経験がないに等しい

　「本当に食べたいものを、安全に美味しく食べる」ことを支えるには、日常の食事作りを支える家族の理解が欠かせない。

　医学的知識や経験を持ち合わせていない一般の人や家族からすると、摂食嚥下障害のメカニズムや、窒息や誤嚥のリスク、またその対応方法を理解することは容易なことではない。加えて、嚥下障害にならない限り、嚥下食を喫食する機会はほとんど訪れないため、未知の食事形態なのである。自分自身が食べたこともないミキサー状の食事や、とろみのついたお茶は、やわらかさ、なめらかさ、離水の有無、付着性などのテクスチャーや、状態、出来栄えについて、当事者が安全に飲みこめるかの判断をすることは困難である。また使用する食材の性質によっては、同じ調理工程であっても、その出来上がりの状態は変わり、温度の変化や経時的な物性変化によって食感が変化することが、誤嚥や窒息リスクに影響していることも知られていないのが現状である。

　また、コロナ禍においては入院中の面会制限があり、当事者が入院中に喫食している食事形態を見たことがなく、食事をしている様子を見たこともないまま、退院を迎える家庭も少なくない。ミキサー食、ムース食、きざみ食、とろみあんかけ食を食べていますと説明を受けても、そこから具体的な調理方法のイメージは湧かないのである。また、既存の栄養補助食品カタログに掲載されている商品の紹介を受けても、バリエーションは少なく、コスト面で課題となる家庭もあった。

　さらに、やわらかさやなめらかさの感覚は人それぞれ異なる。それぞれの経験則から判断し

て、やわらかい、なめらかである、と捉える側面がある。一般感覚の「やわらかい」と感じるパンを嚥下障害の人が安全に食べられるか否かは、当事者の嚥下機能や口腔機能によって異なる。そのため、「パンはやわらかいから食べても大丈夫だろう」という感覚で提供し、それが誤嚥や窒息事故につながることもある。

だからこそ、当事者それぞれの摂食嚥下機能に応じて、なぜ水分にとろみが必要であるのか、どのような効果があるのか、食べやすい食事形態とその調理方法について、個別に理解を促すサポートが必要である。

しかしながら、家族にとって、食べる人の口腔機能や嚥下機能を理解し、その機能にマッチングした食物形態を選定することはハードルが高い。さらに臨床現場で嚥下調整食の指標とされている日本摂食嚥下リハビリテーション学会嚥下調整食分類2021に基づく判断は、一般の人からすれば専門的で難しく、日々の食事作りに活用することは困難である。ほかにもユニバーサルデザインフード（日本介護食品協議会2002年作成）や、スマイルケア食（農林水産省2014年作成）など市場にはいくつかの指標があるが、その意義や情報を理解し生活に落とし込むことは簡単ではない。ましてや調理実習指導もない中で、独学で毎日食事を作らなければならないのかと途方に暮れる家族が多い。調理道具さえ、なにから準備すればよいのかわからないという声を聞く。さらには、嚥下食を作ってはみたものの食べてくれない、むせる、味がおいしくない、バリエーションがない、など試行錯誤を繰り返しては疲弊している家族もいる。

退院時指導でいくら嚥下機能について説明したところで、食事作りを担う人の立場に立った支援が為されなければ、それは誤嚥や窒息のリスクに配慮した日常の食事作りの助けにつながらない。

つまり、食べる人の摂食嚥下機能を把握することと、作る人の嚥下障害に対する理解と調理技術の両方をサポートすること、さらには日常の食事づくりに汎化するような直接的で具体的な指導・助言がなければ、「本当に食べたいものを、安全に美味しく食べる」支援へとつなげられないのである。

4 介護食嚥下食の料理教室事業

筆者は、介護食嚥下食専門の料理教室事業および料理代行事業、ならびに食支援相談室を運営している。特別なものを作る料理教室ではなく、いつもの家庭料理を食べやすく飲みこみやすくする調理方法を学べることが特徴である。

1. 介護食嚥下食料理教室の参加者

2022年12月より本格的にスタートし、2023年8月現在で延べ130人の参加者があった。参加者内訳（図1）は、摂食嚥下障害当事者および家族が全体の37%、医療介護関係者（管理栄養士、言語聴覚士、理学療法士、介護福祉士）は全体の58%、飲食店オーナーは5%の割合で利用している。

料理教室を利用した主な理由を表1に示す。

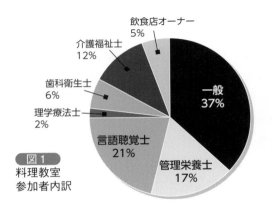

図1
料理教室
参加者内訳

飲食店オーナー 5%
介護福祉士 12%
歯科衛生士 6%
理学療法士 2%
言語聴覚士 21%
管理栄養士 17%
一般 37%

表1　料理教室を利用したきっかけ

摂食嚥下障害当事者・家族	医療介護関係者	飲食店オーナー
●夫だけミキサー食で家族のだんらんがなくなってしまった。夫も一緒に食卓に着けるようなメニューを知りたい ●ミキサー食の作り方を知りたい ●ALSの父の食事作りに行き詰まっているため、バリエーションを増やしたい ●100歳の誕生日に嚥下食のお寿司を食べさせてあげたいから ●母や自分のこれからの介護生活に役立つと思ったから ●特別なものではなく日常のごはんで嚥下食を作りたいと思ったから ●ふるさとの味を嚥下食で作って、食べさせてあげたいから	●介護食嚥下食の実用的な知識と技術を学びたい ●個別ケアで嚥下に配慮した食事を作りたいから ●見た目が普通食と変わらない介護食嚥下食を作る過程を体験したかった ●嚥下食を作れるようになり、訪問リハの利用者と家族の希望に応えたい ●スーパーの食材で作れる家庭料理としての介護食嚥下食に興味があったから	●自分の店で介護食嚥下食の提供を検討している ●既存のメニューから介護食嚥下食への応用展開の方法を知りたい ●嚥下のしくみや誤嚥や窒息のリスクについて学び、安心してお客様をもてなしたい

2. 介護食嚥下食コースの振り分け

　介護食嚥下食の料理教室は、3〜4名の少人数制で行う。

　ユニバーサルデザインフードの区分を基準に、「容易に噛める」・「歯ぐきでつぶせる」食事形態を作る介護食コースと、「舌でつぶせる」・「かまなくてよい」食事形態を作る嚥下食コースに分けている。（図2）（図3）

介護食コース

【噛みやすい】やわらかいごはんとおかず

「噛みにくい、かたいものは食べにくい」
「いつもおかずを細かくきざんでいる」

そういう方にも食べやすくやわらかく仕上げる
おかずの作り方をレッスンします
形があって、箸で食べれて、噛みやすい
小さなお子さんから、ご高齢の方まで、
みんなで同じものが楽しめます

図2　介護食コース概要

えんげ食コース

【飲みこみやすい】
舌でつぶせる程度のやわらかいごはんとおかず

「粒や形のあるものは飲みこみにくい」
「ペーストやミキサー状にしないと飲みこめない」

そういう方にも飲みこみやすく、
なめらかなおかずの作り方をレッスンします
バリエーションを増やしたい、香りを良く仕上げたい、好きな味をえんげ食に加工したいなど
それぞれのご希望や状況をお聞きします

図3　嚥下食コース概要

当事者・家族が参加する場合は、あらかじめ現在食べている食事形態についてヒアリングを行っている（表2）。

疾患、介護度と介護の状況、日常生活動作の状況、認知機能、口腔の状況、日中の過ごし方、医療・介護サービスの利用状況、体重や排せつ状況、嗜好、習慣、アレルギーの有無などを聞き取る。また、病院や施設でどのような指導を受けたか、どのようなものが食べやすく、どのようなものでむせるか、誤嚥性肺炎の既往はあるか、などについても丁寧に聞き取りをする。総合的に判断し協議のうえで、介護食コースまたは嚥下食コースの選択を行う。

3. 料理教室の実際

（1） 嚥下障害についてのミニレクチャー

初回利用時は、咀嚼と嚥下について、嚥下障害が起こる仕組み、誤嚥、誤嚥性肺炎、食事形態の工夫、低栄養と脱水、とろみ調整などのレクチャーを行っている。当事者家族からは、このレクチャーによってなぜ誤嚥するのか、なぜとろみが必要なのか、などの疑問点が解消したという意見が寄せられている。とろみのついた飲み物は嫌がるから飲ませていない、おいしくないからとろみは薄くしていた、など、当事者の嚥下機能と合わない対応をしていた家族は、その理由がわかることにより、今できる対応について考えを深めることができるようである。

（2） レシピと調理工程の説明

食材は、スーパーやコンビニ、通販などで買える材料や、市販の惣菜、乾物、缶詰、冷凍食品、レトルト食品など、あらゆるものを利用する。特別な食材ではなく、スーパーやドラッグストアなどで手に入れられる身近なものを利用することで、自宅や訪問先での再現性が高まる。

嚥下食の調理で欠かせない要素はとろみである。とろみ調整食品のほか、ごはんや米粉、フリーズドライのマッシュポテトやすりおろした山芋など、食材の特性を活かしたとろみづけの方法も提案する。食材が持つとろみの特性を用いれば、栄養価があがり、必要なエネルギー量を確保できることもある。食べる人の嚥下機能に合わせて安定したとろみ濃度がつけられるように、実践的に指導する。

とろみ調整食品はさまざまなメーカーが販売しており、ユーザーごとに違う商品を使用していることが多い。そこで、料理教室で使用するとろみ調整食品は、参加者の家庭で使っている製剤を用いることで、より実用的なレッスンとなる。

表2 ヒアリングシート

ヒアリングシート

カルテNo.　　　　　　年　月　日

| （ふりがな）お名前 | 様 | ご住所 | 〒 |

電話番号

希望連絡方法（〇をつけてください）　電話 / メール / LINE / メッセンジャー / InstagramDM
メールアドレス　　　　　　LINE ID

あてはまるものに〇をつけてください

当事者 ・ 当事者家族 ・ 当事者友人 ・ 支援者（医療/介護/教育/その他　　　　）
職種（　　　　　）

食べてほしいと思うお相手はどなたですか
自分自身・夫・子・父・母・兄弟・親戚
施設等の利用者・在宅介護者・病院の患者・その他

そのお相手の食事の形態をおしえてください
普通食・やわらかめの食事・一口大にカット・きざみ食・みじん食・ペースト食・ミキサー食・ゼリー食・経管栄養・その他

そのお相手は、水分にとろみをつけていますか
とろみなし・とろみあり（濃いとろみ・中間のとろみ・薄いとろみ）・わからない

そのお相手は、食事や水を飲んだ時にむせたり、咳がでることはありますか
特になし・ときどきむせる・食事で毎回むせる・わからない

そのお相手は、そしゃく（噛む）力はありますか
なんでも噛んでいる・自分の歯がない、あるいはかなり少ない・義歯（入れ歯）を使っている
かみ合わせが悪い・噛めない・その他（　　　　　）

そのお相手のご病気について、書ける範囲でご記入ください
心臓病・高血圧・腎臓病・肝臓病・糖尿病・自己免疫疾患・胃腸の病気・がん（　　　　　）
脳血管疾患（脳梗塞、脳出血など）・認知症・その他（　　　　　）

そのお相手が服用している薬があれば教えてください
心臓の薬・血圧の薬・腎臓の薬・肝臓の薬・糖尿の薬・インスリン・痛み止め
抗がん剤・抗てんかん薬・睡眠薬・向精神薬・咳止め・その他（　　　　　）

| そのお相手の好きな食材や献立 | そのお相手の嫌いな食材や献立 |
| | |

そのお相手には、アレルギーはありますか
なし・あり（　　　　　）

普段の食事作りで工夫または気をつけていることがあれば書いてください

作ってみたい献立や、食べさせてあげたいお料理はありますか

調理道具は、食材を固体のまま刻むフードプロセッサーや、液体状になるまで攪拌するミキサーなど、用途に応じた道具の使い分けを助言する。少量の介護食嚥下食を作るのに便利な家電や道具を活用し、毎日の食事作りが身体的・精神的負担にならないよう十分配慮する必要がある。

（3）調理の実際

献立は、主食・副食・小鉢・汁物またはデザートを組み、調理は参加者が協力して行う（写真1）。食べやすくする隠し包丁の入れ方、食材の選び方、切り方、ゆで方、つぶし方などを教え、目的とするやわらかさに仕上げるためのコツを習得してもらう内容にしている。

調理工程において、筆者は説明やサポートはするが、実際の調理にほとんど手を貸さないこととしている。その理由は、自宅での再現性を高めるためである。家庭料理の応用であるから、参加者は出来上がりの想像がしやすい。また普通食から介護食嚥下食への展開調理など、その工程をしっかりと経験することで、「自分でもできた」という自信にもつながる。味の決め方は家庭の味や嗜好に合わせて調整し、当事者が食べたい味を作っていく。このとき、食べたいものや好みを介護食嚥下食に反映させることができるため、自宅で調理したときに「作ったものを食べてくれた、おいしいと言ってくれた、よかった」と安堵する参加者が多い。介護食嚥下食の調理が難しいことではないと感じられると、自宅での介護食嚥下食の調理に対する心理的不安感が軽減される。

写真1 当事者と家族（妻）による嚥下食調理の様子

（4）盛りつけとテーブルコーディネート

介護食嚥下食の盛りつけにおいて、料理と器とのコントラストや立体感を意識することが美味しさを引き立てることは言うまでもない（写真2）。丁寧に盛りつけられた料理は作り手の思いが込められ、また食べる人にとっては自分を大切に思ってくれていると伝わるものである。相手を思いあう料理は、より美味しさを引き出す。ランチョンマットの色や、器の質感が食卓の雰囲気や季節感を演出する。「今日はちょっと豪勢だね」「今日は嬉しいことがあったから」「たけのこか、もう春だね」など、会話も増える。食卓は料理の盛りつけやテーブル全体の雰囲気などによって、その彩りが良くなり、よりおいしく感じられるようになる。

また、食べる人の身体機能に合わせることも重要である。白内障のある人にとって認識しやすい食器の色の選び方や、幻覚が見えてしまうレビー小体型認知症の人に配慮した盛りつけ方も考慮すると良い。上肢機能に合わせた食具の選び方、福祉用具の紹介とその使い方についても伝えると日常生活動作の向上につながる可能性がある。疾患や障害の程度に合わせて、食事環境や食事道具を選定する食事環境調整の方法

をつたえることで、食事動作の自立支援となり、安全な喫食への支援につながる。

（5）実食タイムとやわらかさの確認

調理した介護食嚥下食を、参加者全員で実食する。やわらかさやなめらかさ、口どけ、舌触り、のどごしなど、感覚的に確認し、それを言語化する。また、プラスチック製スプーンの背でつぶしたり、手のひらの上にのせて指先でつぶすなど、感触や力加減を確かめる。そのほか、やわらかさを視覚的に確認する方法として、「カメルカ」（簡易食物硬さ測定器）[1] を使用し、舌で押しつぶせるか、歯ぐきで押しつぶせるかを確認している。

写真2　嚥下食料理教室　調理例
海鮮丼、鰻のかば焼き、焼き芋ポタージュ、ほうじ茶ゼリー・餅ゼリー、とろみつきビール
（すべて舌でつぶせる嚥下食）

（6）ピアカウンセリング

調理と実食を終え、コーヒーや紅茶を飲みながら、それぞれの思いを打ち明ける時間を設けている。病院や施設ではない料理教室という場所だからこそ不安な気持ちやわからないことを打ち明けやすく、また本当はどうしたいのかという本音を漏らすことがしばしばある。介護中の家族が誤嚥性肺炎で入院すると、「私の対応が悪かったのか、私がうまく食事を作れなかったせいだろうか」と思い悩み、また看取りの時期が差し迫ってくるとその怖さや焦燥感から涙を流すことも多い。同じような悩みを抱えているものどうしが、自らの経験や生き方や悩みへの対応について語りあう時間は、「自分一人じゃない」と思えることで孤独や孤立感から解放され、安心につながっている。この安心によって気持ちが楽になることも当然ある。医療介護専門職にとっては、当事者やその家族の思いをダイレクトに聞き、ともに分かち合う貴重な時間を過ごすことができているようである。当事者や家族と医療介護専門職が一緒に学ぶことによって共感し、相互理解を促す場でもある。病院や施設でもなく、家庭でもなく、職場でもなく、第三の居場所として、立場や年齢、職種の垣根を超えたつながりが生まれ、互いを認め合い「仲間」として支えあう、まさしくピアカウンセリングが自然発生している。

5 | 外食できる喜びへ 介護食嚥下食のカフェランチ事業

摂食嚥下障害があると、食べたいものや食べる場所を選べないことが多く、外出・外食の機会が減る。病院のレストランや喫茶にさえ、介護食嚥下食が用意されているとは限らないのが現状である。ましてや、地域の飲食店で介護食

嚥下食を提供する店は極めて希少である。

　行きたい場所をめぐり、食べたいもの、おいしいものを「食べることができた！」という経験ができないまま、人生の幕を閉じる場合も少なくない。病気や障がいを理由に外出・外食を控えるような寂しい人生は誰も望んでいないであろう。

　筆者は、町なかのレンタルカフェを借り、毎月、季節の食材や地元の特産品を使った介護食嚥下食のランチを提供している（写真3）。

　これまでの利用客のなかには、呼吸器疾患患者や口腔底がん患者、舌がん患者、誤嚥性肺炎患者、食道がん患者、耳下腺がん患者、声帯運動麻痺患者など、それぞれ病気や嚥下障害になってから一度も外食をしたことがなかったという当事者が来られた。「病気をしてから初めての外食ができてよかった」、「外で食べるご飯はこんなに美味しいものなのか」、「鰻やお寿司を食べられる日が来るとは。生きていてよかった」と喜びの笑顔を見せた。その家族もまた当事者と同じ介護食嚥下食を食べながら「外でランチを食べることができて、一緒のごはんを食べられるのが嬉しい」と涙ながらに語っていた。ランチをきっかけに、また次も行きたいからと自宅でのリハビリに一層励む利用客もいた。「食べられたことが、楽しい、うれしい」と自信につながり、闘病を乗り切るための原動力となり、生きる希望を見出した人もいた（写真4、5、6）。

　カフェで介護食嚥下食のランチを提供することは、直接的なリハビリテーションの実践ではない。しかし、「人間らしく生きる権利の回復」や「自分らしく生きること」のために行われるすべての活動がリハビリテーションであるとするならば、この活動もまた生活の質を高める広義のリハビリテーションであると考えている。

写真3
やわとろ親子丼や空豆と新じゃがのやわらかコロッケなど、新緑の季節を感じる食材を使った介護食嚥下食ランチ

おしながき

写真4　口腔底がんの父と娘
舌を2/3切除した手術後2年経過して初めての外食

写真5　介護食嚥下食ランチを食べて
満面の笑みを見せる口腔底がん患者と筆者

写真6
話すことが難しいためボードに感想を書いて伝えてくれた
後日、娘より「ありがとう、ごちそうさま」の発音練習を
始めたと報告を受けた

6 食べたいものを食べる、最期の時まで

　看取りの時が差し迫ると、誤嚥のリスクが高まる。それでも「食べたいものを、食べたいときに、食べられる量だけ」でも提供したい、そう願う家族や医療介護専門職は多い。しかし、誤嚥のリスクとの狭間で心が揺れ、結局、ひと口さえも味わわせてあげられないまま、見送った経験のある人もいる。見送った後も、「あの時、一口でも食べさせてあげたかった、ごめんね」と胸の奥で詫びている人は少なからずいる。

　大切な家族を思い、「最期くらい好きなものを食べさせてやりたい」と願う気持ちに共感する人は多いだろう。だからと言って、熱い思いだけでリスクに配慮せず、むやみに食べさせることもまた、本人への負担がある。

　では、どうすればよいのか。

　まずは、呼吸状態や嚥下機能、誤嚥した場合の侵襲性について、しっかりとアセスメントすることが重要である。そのアセスメントの内容は、医師をはじめとするチームケアメンバーと、看取りの主体者である家族にしっかりと共有することである。どの職種も決してひとりよがりになってはならない。

　そのうえで、当事者の体調を見計らい、食べたいときに、食べたいものを、食べられる量だけ、嚥下機能に合わせて調理加工する。

　筆者が経験した自分の父親の最期の食事について、書かせていただく。

　筆者の父は、肺を包む膜にがんが見つかり、手術もできないまま5年前に他界した。

　がんが見つかったときは、すでに医師から余命1〜2週間と告げられた。筆者は、家族で食べたお好み焼きをミキサー状にして、ICUの父に届けた。ミキサー状であれば、飲み込みやす

く、負担が少ないだろうと思い、調理加工したのである。

父の口腔内はただれ、痛みもあり、とても食べられる状態ではなかったが、酸素マスクを外し、「恵里さん（筆者の名前）の作ったものなら食べるよ、あぁ、これなら食べられるよ、うまいよ」といって、ミキサー状のお好み焼きをたった一口だけ食べた。筆者はこの時、「食べたいものをたった一口でも食べさせてあげることができた、娘として父の最期にしてやれることがあった」と救われた思いがした。

さらに、人が食べるという行為は自分のためだけではなく、だれかのために食べることもまたあるのだと悟った。父は、最期くらい好きなものや思い出の味を食べさせてやりたいという家族の願いに応えるかのごとく、一口食べた。このことは、父親だからこそできた家族に対する思いやりの結果だったのかもしれないと、思う。

訪問リハにおいて、看取りを踏まえた終末期ケアに携わるセラピストは増えている。看取りの時に、体への負担を考慮して、たった一口だけでも食べられる状態であるかアセスメントすることはもちろん、たった一口でも食べて味わえる形状に調理加工できれば、「食べたいときに食べたいものを食べられる量だけ」提供し、最期に好きなものを食べさせてあげたいという願いをかなえる支援ができるかもしれない。お好み焼きをミキサー状に加工する方法や、寿司を舌でつぶせるやわらかさに調整する方法を知っていれば、当事者とその家族の思いに沿った個別ケアの実践に結びつくのである。たった一口ではあるが、そこには会話があり、家族や親しい人とのコミュニケーションが生まれる。その「場面」は、「人生の物語」の一編を紡ぎ、本人と家族、そして支援者にとって、人生最期

までたった一口でも食べたいものが食べられた、食べさせてあげることができた、互いに何かしてあげられることがあったという充足感につながっていく。豊かな人生の幕引きを支援することは、コミュニケーションの「場面」を創る支援でもある。

7 おわりに

食べることは、日常の営みである。

食事はコミュニケーションの一端を担い、豊かな暮らしの実現において、重要な役割を持つ。

嚥下障害のある人にとって、食べたいものを食べること、それは決して簡単なことではないが、食支援に携わる専門職が家族の立場を理解し、その思いに共感し、何を食べたいか、どう食べさせたいかを共有することで、豊かな人生を送るための支援ができるのである。

地域や在宅支援の現場において、食べることを支える専門職は、人生の物語に共感する人間力が求められていると考える。

参考文献
○渡邊英美, 床井多恵, 高田耕平・他. 学会分類2013コード４に相当する嚥下調整食を対象としたかたさの簡易評価方法. 日摂食嚥下リハ会誌　2021；25（3）；215〜221

内部疾患など シームレスにつながる 在宅支援の在り方

神戸市立医療センター中央市民病院
技師長代行
理学療法士

岩田 健太郎

1 はじめに

2022年6月に発表された「経済財政運営と改革の基本方針2022」（骨太の方針）においては、『政策効果に関する実証事業を着実に実施するなどリハビリテーションを含め予防・重症化予防・健康づくりを推進する』と提言されており、これまでの予防・健康づくりによる健康寿命の延伸に加えて重症化予防が強調され、リハビリテーションには2、3次予防の役割が求められている。

健康寿命とは「健康上の問題で日常生活が制限されることなく生活できる期間」のことで、平均寿命と健康寿命の差は「日常生活に制限のある不健康な期間」を意味する。近年、男女ともに平均寿命と健康寿命は延びているが、この差はあまり変化していない（図1）。

健康寿命延伸のためには、かかりつけ医を中心とした生活習慣改善と危険因子の管理が重要であることは広く知られている。リハ職は生活習慣関連にとどまらず、フレイルや軽度認知症（MCI）などの未病を標的とした先制医療や、たとえ疾病に罹患しても再発再燃を起こさない予防医療の領域に踏み込んだ在宅支援が求められている。これまで、都道府県医療費適正化計画において、予防・健康づくりが重視されてきた。しかし、健康寿命が延びたとしても平均寿命も延長し、基本的には有病期間の延びをもたらしており、「健康寿命の延伸」に加えて「不健康な期間の短縮」が重要となっている。これまでの平均寿命と健康寿命の差を縮める1次予防を中心とした政策に加えて、この有病期間の重症化予防や再入院予防など2、3次予防の取り組みが求められている。

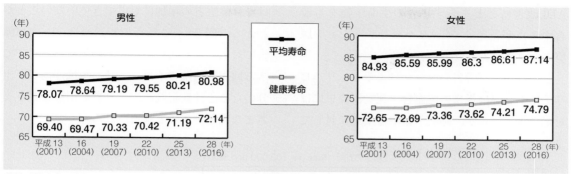

資料：平均寿命：平成13・16・19・25・28年は、厚生労働省「簡易生命表」、平成22年は「完全生命表」
　　　健康寿命：平成13・16・19・22年は、厚生労働科学研究費補助金「健康寿命における将来予測と生活習慣病対策の費用対効果に関する研究」、
　　　平成25・28年は「第11回健康日本21（第二次）推進専門委員会資料」

図1　健康寿命と平均寿命の推移
出典：内閣府『令和2年版高齢社会白書』（内閣府）
　　　https://www8.cao.go.jp/kourei/whitepaper/w-2020/html/zenbun/s1_2_2.html

2 疾病構造の変化とリハビリテーション

　年齢調整死亡率をみると、1970年までは脳血管疾患の死亡率が最も高かったが、食生活の変化や薬物療法の発展に伴い、急激に低下した。1970年代に死亡率が低下すると、脳卒中患者の社会復帰に向けたリハビリテーションの需要が高まり、回復期リハビリテーション病院が設置され、脳血管疾患のリハが拡充した。1990年代中期には心筋梗塞に対するカテーテル治療が開発され、その死亡率は急減し、1990年後半より心臓リハビリテーションが導入された。さらに、2000年にがん対策基本法が制定され、さまざまな治療が開発された。その結果、高止まりしていたがんの死亡率は低下し始め、2000年代半ばより、がん患者の社会復帰やQOL向上のため、がんリハビリテーションが導入されるようになった。このように、リハニードは時代とともに変化していることがわかる。2020年以降は、すべての疾患で死亡率が低下しており、高齢者の多疾患併存が問題となっている（図2）。このような疾病構造の変化に伴い、身体障害者数にも大きな変化が生じている。

　これまで回復期リハビリテーションは、脳卒中などの脳血管疾患と大腿骨頚部骨折などの運動器疾患を主たるリハ対象としてきた。一方、心不全などの内部障害患者は、急性期病院の救急病棟を占拠するほどの増加を呈し、心不全パンデミックと称されるほどである[1]。本邦においては診療報酬が制限因子となってこれらの内部障害に対する回復期リハの普及が遅れている。そのために回復期病院での十分な機能回復がないままで在宅に返された患者は、心不全や呼吸不全が慢性化し再発や再燃を繰り返しやすく、不健康な予後をたどり最終的には死亡に至る。今後は、回復期の内部障害リハを積極的に実施して、疾患の再発・再燃を予防することによる「不健康な期間の短縮」を図ることが重要である。

　脳血管リハ・運動器リハは機能回復によるADL改善を目的とするが、内部障害リハは

ADL改善にとどまらず患者の生命予後をも改善する点が先進的で[2]、リハビリテーション医療のパラダイムシフトと言える。

ところが、厚労省のデータによると、リハビリテーションは従来の脳血管・運動器疾患には対応できているが、呼吸・循環器疾患に対しては身体障害者の増加に対応できていないことがわかる（図3）。これらの背景には、①内部障害に対応できる人材不足、②内部障害に対応できる回復期病院の不足、③リハ地域連携が不十分のため急性期退院後のリハ継続困難などさまざまな課題があると推察される。

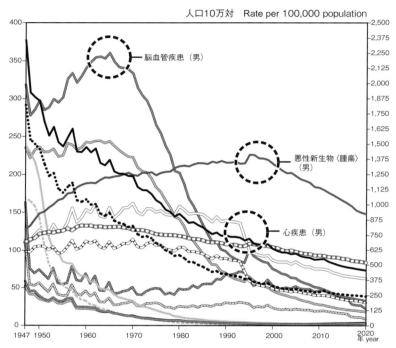

人口10万対　Rate per 100,000 population

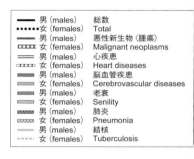

図2
主要死因別年齢調整死亡率年次推移
（1947 年〜 2020 年）
出典：公益財団法人がん研究振興財団
『がんの統計 2022』

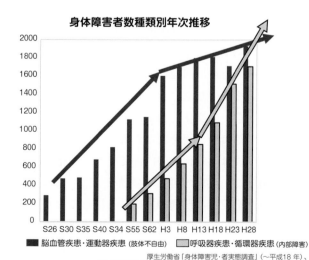

図3　身体障害者数および疾患別リハビリテーションの推移

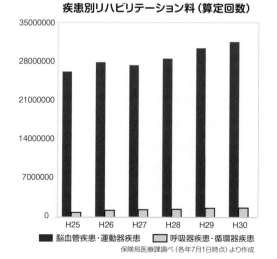

3 急性期入院患者の退院後の 在宅支援の必要性について

　近年、高齢者が増加し続けているが、医療が高度化したことで、医療依存度の高い内部障害を主とした複合疾患・重複障害を併存する患者が急増している。特に急性期病院に入院する75歳以上の患者は医療依存度が高くなるだけでなく、ADL低下を主とした廃用症候群の割合が一気に増加する[3]。このような患者は骨格筋が乏しく、侵襲によって、急速に栄養状態が悪化するのが特徴で、疾患の再燃や多疾患を発症し再入院するリスクが高い。そのため、特に高齢者のサルコペニア・フレイル・低栄養に対しては、専門性の高い多職種チームが早期に介入する必要がある。さらに、急性期病院に入院する85歳以上の割合が年々増加しており、2017年時点で入院患者全体の4人に1人（25％）を突破し、今後もこの割合は増加し続けると予測される[4]。疾病構造の変化や高齢化の進展に伴い、要介護認定者は増加しており、自宅や地域で疾病や障害を抱えながら生活する高齢者が急増することが考えられる。

　神戸市立医療センター中央市民病院は救命救急センターが8年連続全国1位であり、重篤患者数の割合が高いことが特徴である。国保における高額医療費使用者（1,200万円以上）の特徴を見ると複数の合併症を有する特定疾病や特定集中治療入院患者、血液がん、高度救命処置を要する循環器疾患などがあげられる。このような後期高齢者で高額医療となる疾患（集中治療、がん、心疾患）はリハ適応となるものが大半であり、基礎疾患の適切な管理で重症化を避けることが期待されている。このようなことから、神戸市立医療センター中央市民病院の患者は、リハビリ必要度が高く、年間2万3000人の入院患者のうち、約40％の9000人に対してリハビリが実施されている（図4）。神戸市の65歳以上の高齢人口のピークは2040年とされており、今後もリハが必要となる患者が急増することが予測される。今後は、リハ患者が退院後もリハを継続できるようにするための退院支援が重要となる。在宅で適切なリハビリテーションを継続することができれば、重症患者の再入院率低下や健康寿命の延伸など改善の余地は大きいといえる。

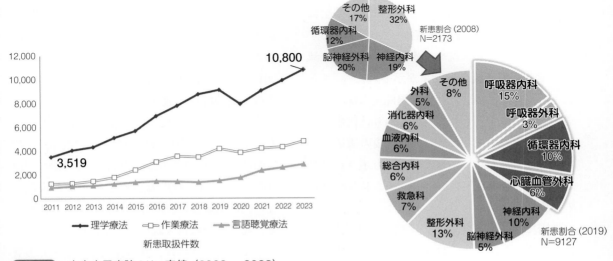

　図4　中央市民病院のリハ実績（2008〜2022）

4 心疾患に対するリハビリテーションと地域一体型リハビリテーション（CUREKOBE）

近年、生活習慣の欧米化に伴う虚血性心疾患（心筋梗塞や狭心症など）の増加や高齢化による高血圧や弁膜症の増加などにより、心不全患者が急増している。心不全が増加する理由としては、そもそも高齢者では心不全の原因になる心臓病が増えることだけでなく、近年は心疾患を発症したとしても治療法の進歩によって救命され、のちに心不全で亡くなるケースが増えたことが考えられる。そのため心不全は、さまざまな心疾患がたどる終末像であり、高齢化社会においてもっとも懸念される病態のひとつで、「心不全パンデミック」と呼ばれている。罹患者数は全国で約120万人、2030年には130万人に達するとされている。がんの罹患者数が約100万人であり、心不全患者がいかに多いかが分かる[5]。

国立人口問題研究所の試算によると、神戸市の心不全の1日入院患者数は2015年の413人から増加し続け、2040年には740人となり、その後も高止まりすることが予測されている[4,6]。一般に、心不全患者の運動および認知機能が高いと再入院率は低くなり[7]、例えば、心不全に対する運動療法が運動耐容能・QOLを改善するだけでなく，再入院や心疾患による死亡を減少させる長期予後改善効果が示された[8]。さらに、心不全患者は急性期病院退院後に症状が増悪し、再入院すると報告されており、医療費高騰の原因となっているが[9]、退院後の適切なリハ介入により未然に防ぎうることも示されており[10]、退院後の在宅医療へのシームレスな移行の必要性が指摘されている。

米国では予防可能な再入院による支出は120億ドル程度と試算しており、心不全や急性心筋梗塞による30日再入院率の減少への対策が開始されている[11]。一方、本邦では、心不全に対する急性期退院後のリハ介入率は未だに約7％と極めて低く[12]、心不全患者の急性期退院後のリハの標準化プログラムは確立されていない。心不全患者に対する在宅リハが広まらない理由として①内部障害の在宅リハの必要性の共通理解、②病院と在宅との情報共有、③在宅における内部障害のリスク管理といった課題が挙げられる。

そこで神戸市立医療センター中央市民病院では心不全患者の再入院予防のための在宅リハの新たな取り組みとして、「心不全患者に対する急性期病院退院後の再入院予防を目的とした標準化在宅理学療法プログラムの構築～遠隔診療を用いた急性期病院・地域機関の一体化～」の臨床研究を実施した（図5）。この試験の目的は、急性期退院後の在宅リハが、心不全で入院した高齢患者の死亡率と再入院を減らすことができるかどうかを評価することである。単施設の無作為化比較試験で、心不全のために入院した高齢患者が、在宅リハ介入群または通常群のいずれかに1：1で無作為に割り当てられた。一次エンドポイントは、退院後180日以内のすべての原因による死亡または再入院であり、二次エンドポイントは、退院後の総医療費、QOL、および退院後180日での身体機能の変化である。2018年から2020年の間に合計121人の患者が介入群（n = 61）と通常群（n = 60）に無作為化された。年齢の中央値は82歳で、67％が女性。左心室駆出率の中央値は49.7％で、NT-proBNPは6,622 pg/mlであった。中央値185日間の追跡期間中に、44人の患者が死亡または再入院となった。退院後のリハ介入は、通常群と比較して、死亡または再入院のリスクが低いことに関連していた。さらに、リハ介入は医療・介護費

テキストメッセージ

データ添付（文書、画像）

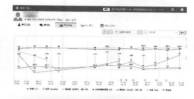
経過グラフ

セルフ＋リモートモニタリング

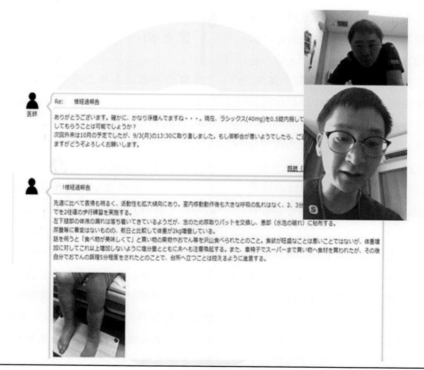

"ホットライン"によるサポート

図5　対策：クラウド型地域連携システムを用いた在宅サポート
"患者および在宅医療従事者の負担軽減"

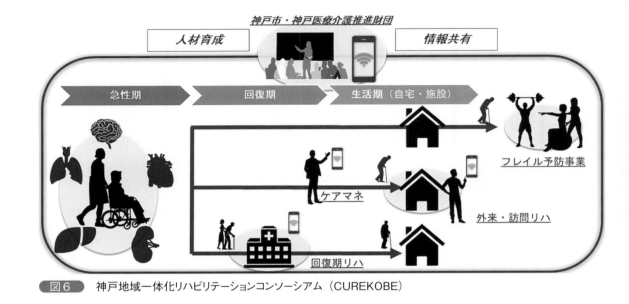

神戸市・神戸医療介護推進財団

人材育成　　　　　　　　　　　　情報共有

急性期　　　　　　回復期　　　　　　生活期（自宅・施設）

ケアマネ

フレイル予防事業

外来・訪問リハ

回復期リハ

図6　神戸地域一体化リハビリテーションコンソーシアム（CUREKOBE）

の削減（1患者当たり、180日で107万円）と6分間歩行距離の増加（運動耐容能の改善）に関連していた。退院後の包括的なリハ介入は、心不全で入院した高齢患者の死亡・再入院の減少、退院後の医療・介護費の削減、および身体機能の改善と関連していた。

　この試験により、急性期から在宅への理学療法のlongitudinalな効果として、患者の予後・QOLの改善および医療・介護費の抑制が期待でき、結果的に健康寿命の延伸に寄与できる可能性が示された。

　前述の状況を踏まえ、2022年1月に神戸市と神戸在宅医療・介護推進財団が事務局となり、地域の医療・福祉関係者、学識経験者などで構成する「神戸地域一体化リハビリテーションコンソーシアム（CUREKOBE）」を設立し、急性期から回復期・生活期までを包括する地域一体型のリハビリテーションプログラムの構築・運用されようとしている（図6）。

5　まとめ

　医療の進歩により入院患者の病状の回復が早まったとしても、高齢者では入院を契機にADLが低下し、リハビリテーションが必要となるケースが多い。さらに、急性期病院退院後すぐに在宅への復帰は困難である患者が増加しているが、急性期病院は在院日数の短縮が求められており、介護保険等の準備が不十分なまま退院することがある。そのため、再入院率が上昇しつつあり、これが医療費増大の一因となっている。このことから、生活期で一定程度のリスク管理を可能とし、急性期病院退院後の患者に対しリハビリテーションを継続できるよう、在宅復帰に向けたリハ地域連携を強化することで、再入院を減らすことができると考えられる[13]。

本邦では病期別・疾患別にリハが行われており、リハのプロセスに連続性がなく、全体最適がなされていない。急性期病院退院後の適切なリハビリテーションにより再入院を未然に防ぎうることが示されており、医療介護連携のキーポイントは、急性期病院で重症化リスクの高い患者をいかにスクリーニングし、生活期に繋ぐかである。

疾病の重症化を予防するためには、基礎疾患を適切に管理し、個々に応じた運動指導、食事指導、服薬指導など生活全般の指導を行い、定期的な受診や介護の介入など包括的な疾病管理が重要である。特に、急性期病院の在院日数が短縮しているなか、このような患者を早期に在宅で介入することが重要で、多疾患併存の高齢患者に対し、医学的管理を実行することが必要となるため、リハビリテーション職の人材育成が重要である。

退院後の出口側の方策として、急性期病院はITを活用して在宅医療を担う訪問看護ステーションや在宅リハビリスタッフ、あるいは他の回復期リハビリテーション病院スタッフと密に連携し研修センター的な働きもできるような仕組みをつくるのが良いと考える。さらに、回復期病院は急性期と連携した教育的機能を持ち、地域の中で協調し、地域全体で医療介護の質を向上して患者の一体的なリハビリを推進するためのハブ的な働きを持ち地域で患者を支えることが重要と考える。

引用文献

1) 坂田 泰彦, 後岡 広太郎, 下川 宏明, I. 心不全の疫学：心不全パンデミック, 日本内科学会雑誌, 2020, 109 巻, 2 号, p.186-190
2) Sagar VA, Davies EJ, Briscoe S, Coats AJ, Dalal HM, Lough F, Rees K, Singh S, Taylor RS. Exercise-based rehabilitation for heart failure: systematic review and meta-analysis. Open Heart. 2015 Jan 28;2 (1) :e000163. doi: 10.1136/openhrt-2014-000163. PMID: 25685361; PMCID: PMC4316592.
3) 鳥羽 研二 (杏林大学 高齢医学), 日本内科学会雑誌, 2009, 98巻3号 p.589-594
4) 平成29年 (2017) 患者調査の概況 (厚生労働省 2019)
5) がん情報サービス (国立がんセンターがん対策情報センター) https://ganjoho.jp/reg_stat/statistics/stat/annual.html
6) 国立社会保障・人口問題研究所「日本の地域別将来推計人口 (平成30 (2018) 年推計)」
7) Takuya Umehara,et al: Factors affecting hospital readmission heart failure patients in Japan: a multicenter retrospective cohort study. Heart Vessels. 2019 Sep 13. [Epub ahead of print])
8) O'Connor CM, Whellan DJ, Lee KL, et al. HF-ACTION Investigators. Efficacy and safety of exercise training in patients with chronic heart failure: HF-ACTION randomized controlled trial. JAMA 2009; 301: 1439-1450.
9) Tsuchihashi-Makaya M, Hamaguchi S, Kinugawa S, et al. JCARECARD Investigators. Characteristics and outcomes of hospitalized patients with heart failure and reduced vs preserved ejection fraction. Report from the Japanese Cardiac Registry of Heart Failure in Cardiology (JCARE-CARD) . Circ J 2009; 73: 1893-1900
10) Holland R, Battersby J, Harvey I, et al. Systematic review of multidisciplinary interventions in heart failure. Heart 2005; 91: 899-906.
11) Wadhera RK, et al. Hospital revisits within 30 days after discharge for medical conditions targeted by the HospitalReadmissions Reduction Program in the United States: national retrospective analysis. BMJ. 2019 Aug 12;366
12) Kamiya K, Yamamoto T, Tsuchihashi-Makaya M, Ikegame T, Takahashi T, Sato Y, Kotooka N, Saito Y, Tsutsui H, Miyata H, Isobe M. Nationwide Survey of Multidisciplinary Care and Cardiac Rehabilitation for Patients With Heart Failure in Japan - An Analysis of the AMED-CHF Study. Circ J. 2019 Jun 25;83 (7) :1546-1552. doi: 10.1253/circj.CJ-19-0241. Epub 2019 Jun 11. PMID: 31189753.
13) 岩田健太郎, 急性期病院における予防と地域との連携, 理学療法ジャーナル, 2020, 54巻3号, p.293-302

「ザイタク」リハ 在宅医からの期待 リハビリ前置主義の 在宅生活支援の道しるべ

医療法人 たなか会 たなかホームケアクリニック
理事長

田中 章太郎

1 はじめに

　まずはじめに、今回この様な機会をいただき桑山浩明先生をはじめ雑誌「訪問リハビリテーション」編集委員の皆様に心より感謝申し上げる。

　では早速、話を始めよう。雑誌「訪問リハビリテーション」は、訪問5年目までのセラピストが読者層であると伺った。そこでまずはじめに、私が在宅療養支援診療所を始める転機となった医師5年目頃のリハビリテーションに関係する経験をお伝えする。そして、その5年目の経験をもとに今取り組んでいる診療の様子もちょっとだけ。これからの新コロナ時代の訪問リハビリテーションを担う皆さんの役に立つことが少しでもあればと願う。

2 「ザイタク」医療・「ザイタク」リハになった3つの経験

　医師5年目頃の3つの経験が今の「ザイタク」医療・「ザイタク」リハの土台になっている。1つ目は、祖母の在宅看取りの経験。2つ目は、篠山病院療養病棟時代のリハビリ科の展開。3つ目は、CI療法の実際の目指していたところ（アトランタのエモリー大学ウォルフ研究室見学より）。今から、これらの話を順番にしていこう。

1. 祖母の在宅看取り

　医師になって3年目に祖母の肺癌再発が見つかった。胸部心臓血管外科教室に入局し、研修医時代に肺癌患者も何人か経験させていただき、肺癌治療に関して多少は学んでいた。しかし、いざ自分の祖母の介護となると全く別物だった。医師3年目からの大学院（医療情報学）の教授に、祖母の在宅介護を経験してくるよう

ご提案いただき、祖母が家で旅立つまでの数ヵ月間、祖母宅に泊まり込んで在宅介護を経験した。始めてすぐに困ったのが、「排泄」のことだ。医師3年目であり、胸部心臓血管外科の研修を終えた自分は、肺癌患者の「暮らし」の役に立てると勘違いしていたように思う。祖母の在宅生活支援の第一歩目から躓いた。肺癌ターミナル期の祖母の排泄介助が上手くできない。「排泄」動作というものを全く理解できておらず、オムツ交換さえできない状況。肺癌の「病気」のことは少なからず知っていても肺癌の方の「暮らし」を知らない。実際、関心すらなかった。手古摺っている孫を、祖母は本当に心苦しい顔をして困っていたとこを今も思い出す。そして、次は「食事」だ。食事時のポジショニングから始まり、食事介助、その後の口腔ケア、肺炎予防の腹臥位療法等々、全く知識と経験がなく、祖母を苦しめた。それでも孫による食事介助。何も分からず、祖母が大好きだった苺をつぶして、細かくして、スプーンで口に運んでいた。ベッド上で、ただ単にギャッジアップして嚥下反射の確認もしていない中、立位での上方からの介助をしていた。その為、当然のごとく、食事中からムセが始まり、さらに食後はそのムセが強まり、吸引、苺の塊が出てきていた。食事量もムセがある為、少量で終わってしまう。それでも祖母は孫の介助が嬉しいのか、気を使っていたのか、苺はとっても美味しいと言ってくれた。当時の祖母の在宅介護の場面に、在宅訪問医はおられ、肺癌の呼吸困難等の症状緩和目的の医療用麻薬を使った緩和医療はもちろん存在していたが、最後まで暮らしを諦めない為の生活再建、すなわち、リハビリテーション医療は正直、皆無であった。あれから20年近く経つが、目の前の在宅医療現場でも、「終末期リハビリテーション」の言葉すら認知されていない

状況が続いており、リハビリテーション医療がほとんど存在しない。訪問リハビリテーションの使命は、どこにあるのか、今一度現状を知るべきだろう。祖母は最終的に在宅看取りとなったが、あの日の祖母の最後の家での「暮らし」にリハビリテーションが存在したなら、より素敵な最期を迎えられたのではないかと思う。今、私が「ザイタク」医療・「ザイタク」リハに取り組むのは、その後悔が原動力になっている。

2. 篠山病院療養病棟時代のリハビリの展開

在宅医療の現場（在宅療養支援）では、「シームレスな病診連携」「並行診療（専門病院と診療所）」「ときどき入院、ほぼ在宅」が重要であると言われている。20年前の地域医療の現場の考えと基本的に変わっていない。篠山病院時代の取り組みを紹介する。

当時、医師6年目の私は老人病院（この表現は語弊があるかもだが……）だった篠山病院（全体約120床）の療養病棟（30床）で、リハビリ科医長を任された。当初は、リハビリ科入院患者はたったの5床しか割り当てがなかった。療養病棟で何年も暮らされる方もあり、当時は地域医療連携室も開設されておらず、在宅復帰への調整はほほない状態だった。主治医の内科医達は、入院患者の「暮らし」には興味がなく、その病棟の残りの25床は、内科・外科治療が上手くいかず入院が長期化した患者、独居の方、等々退院調整が困難であり長期入院となっている患者で埋まっていた。リハビリ科医長になった時、CI療法（後ほど話すが）の国内初導入の研究と共に、篠山市（現丹波篠山市）市民4.5万人、高齢化率25%以上で、4人に1人高齢者、その1割の方がご病気をする、そして、何らかの障害をお持ちになる、と予測され、つまり1000人くらいの患者の「暮らし」を支える役割

が、地域医療の中核であるべきこの病院の療養病棟にあると考えた私は、リハビリ科病床5床→30床、つまり療養病棟全部をリハビリ科で運営することを目標に掲げた。当時の病院内の療法士数も、リハビリ科医師もかなり少なかった。リハビリ科医2名、PT5名、OT4名、ST1名ぐらいだったのを記憶している。篠山病院は、急性期医療も担っていたので、療法士のマンパワーから療養病棟リハビリ科ベッドに関われるのはPT1名、OT1名、ST0.5名というところがやっと。リハビリ科医師の医療技術の背景も病床拡大に影響する。私は胸部外科で救急医療を叩き込まれたこともあって助かったが、病棟患者の「医療依存度」が大きくなると運営が難しくなる。そこに5床→30床へのチャレンジを掲げたわけで、まあまあ、無理があった。そんな中でも、この病床の在宅復帰率は私が医長を続けた3年間は90%を越えていた。入院患者は在宅復帰に向けて、訓練室での訓練のみならず、日常生活への復帰に必要な訓練を病棟で毎日取り組んだ。回復期リハビリテーション病棟の制度がまだ浸透していない時代（制度施行は医師3年目頃）、自宅での「暮らし」を想定し、病棟看護師と共に日常生活動作訓練に挑戦し、また、絶対的リハビリ量（訓練量）の不足を解消する為、食堂集団訓練なども導入し、在宅復帰に向け試行錯誤した。日夜、療法士や病棟看護師らと喧々諤々やったのが懐かしい。一方で、それでも、在宅復帰が叶わない方があった。その特徴の一つに、タイミングの問題があった。病気発症から、在宅復帰までのゴールデンタイムが存在する。半年以上も自宅に戻れないと入院患者の自宅の自室は物置に変わっていく。こんな簡単な話であるが、病院治療優先となると忘れられてしまい、気がついた時には在宅復帰が困難になっている。それを解消するために、

急性期病院（当時のリハビリテーション医療が必要な方の多くは、脳卒中関連の疾病の方で、彼らの急性期治療は隣市の急性期病院脳外科で、殆どの方が治療を受けていた）との連携を強化し、急性期病院に出向き患者と面談し、その場でリハビリ医として予後予測を説明し在宅復帰までの期間を明確に提示、シームレスに当市の篠山病院療養病棟に転院いただき、前述のリハビリ強化入院を行って、在宅復帰を促進した。今の時代、回復期リハビリテーション病棟の制度が施行され、一見シームレスになったように見えるが、現実は、ベルトコンベア式にリハビリ期間が定量化されてしまい、在宅復帰のタイミングが個々に合わせることが出来ず、在宅生活維持（生活再建）を目的にしたリハビリの本質からかけ離れた状況を散見する。急性期・回復期・生活維持期とどの時期でも、レスパイト入院だなんだと患者家族への働きかけは大きいが、患者自身への生活再建へのアプローチが甘い。真の生活再建やリコンディショニングは、サイコロジカルヴィクトリー（後で記述）の考えもしっかりと導入した上でご本人の「暮らし」を追求したリハビリテーション医療を提供すべきである。療養病棟での在宅復帰のこれらの挑戦の後、次に取り組んだのは、生活維持期の取り組みだ。地域医療の中での生活再建・生活維持の中核基地は、現制度上では、大規模多機能機関である介護老人保健施設（以下、老健）にあると私は考えている。リハビリ科医長を辞した後、この老健の運営に挑戦した。結局、地域医療の中核となる老健に育て上げる事は出来ず、夢半ばであったが、その後、在宅療養支援診療所を開業した。老健は、看取り強化といった別の機能も持つ時代になっているが、一番の基礎は、在宅生活維持支援の基地。これに関して、今回の紙面では割愛する。それぞれの場所

でリハビリテーション医療に関わる仕事をする時、今のその療法が地域医療の中においてどのあたりに位置しているのかを意識し、また、そこにある問題点をしっかりと俯瞰して観察し、地域医療のあるべき形を模索することも重要である。医師6年目であった何の専門もない私でさえも、当時、リハビリテーション医療に従事しているという立場から地域医療の再構築に挑戦できたことを考えると、よりリハビリテーションの専門である療法士の皆さんは、在宅復帰が未だ20年前と大きく変わらず「あなたの家にかえろう」の夢が叶わぬ方が多くいる現状を、きっと打開していただけると思う。

3. CI療法の目指していたこと

医師5年目の篠山病院リハビリ科医長時代、療養病棟リハビリ科入院の特徴を活かし、CI療法（Constraint induced movement therapy）の国内初導入に関わった。アトランタ　エモリー大学ウォルフ教授（当時CI療法の第一人者）の研究室に見学に行き、CI療法の「サイコロジカルヴィクトリー」という考え方を教えていただいた。CI療法とは、脳卒中片麻痺患者の麻痺側上肢の訓練方法で、訓練前後の上肢機能改善だけでなく、前後の日常生活動作の改善、意欲の改善、さらには、それらの改善が継続していく、そう言った療法である。この中心には、患者が療法に取り組みながら、日々の生活の色々な場面で自身の上肢機能の変化を自覚し、その変化に感動し、さらに機能改善に意欲的に過ごすようになる。その変化に注目してトレーナーが共に喜ぶことで、患者の意欲が継続し、機能改善に対するその意欲がさらに向上していく。これらを「サイコロジカルヴィクトリー」（心理的勝利）と呼んでいた。当時、療法を受けた患者のSさんのことをいつも思い出す。脳梗塞後遺症、右不全麻痺、杖歩行自立だったが、CI療法以降の意欲改善が素晴らしかった。右上肢機能回復に向けたスモールステップを自身で次々見つけ、回復の道のりを考え、トレーニング機器を自作し、スモールステップを次々クリアしていく。CI療法に於ける肝は、SHAPING（段階的訓練）と呼ばれるスモールステップの設定にあるのだが、Sさん自身が準備し取り組むスモールステップが本当に絶妙だった。クリアできるかできないか、ギリギリのラインだ。訓練方法も意欲的に開発された。ほとんど自作訓練道具での自主訓練だった。リハビリ科診察では多少の訓練方法の修正は提案するものの、Sさんはいつも笑顔で自慢げにそれらの道具や自宅での訓練風景の自撮り写真を持参された。さらに、良かれと思い訓練室にお越しのリハビリ仲間にも笑顔で次々と話しかける。「あ〜これはな、こうやればエエんや、これなんかは、こっちのほうがエエで！」。もう療法士やリハビリ医なんかそっちのけで、CI療法の本質「サイコロジカルヴィクトリー」を楽しくやっておられた。これこそがリハビリ、生活再建であった。彼は「サイコロジカルヴィクトリー」を地で行き、リハビリの真髄を見せてくれた。「ザイタク」医療・「ザイタク」リハは、「暮らし」を最後まで諦めない医療であり、その中心にあるべき考え方「サイコロジカルヴィクトリー」が大切である。「暮らし」を支える「ザイタク」リハにこの考え方を取り込み、療法士の皆さんが自分のものにすることを期待する。「サイコロジカルヴィクトリー」を教えて頂いたウォルフ教授研究室の現場のトレーナー　ビルが医師5年目であった私に言ってくれた言葉を皆さんにも。**「キミはまだ若い。患者のこの変化を共に喜べる感性を磨け！」**。

3 「ザイタク」患者紹介

　ここで、最近経験した数名の患者さんとの一場面を紹介する。どの患者さんも、いわゆる訪問リハビリではなく「ザイタク」リハがあった方々だ。

① 一人老健さん
パーキンソン病・レビー小体型認知症・大腿骨頸部骨折

　まず初めに母の事。6年前。母の精神状態が不安定になり、毎日母からの電話が増え仕事どころではなかった。母の電話対応に追われ、その時期の私の在宅診療は本当に酷いものだった。介護離職寸前。その後、神経内科医の確定診断を受け、それはパーキンソン病とレビー小体型認知症の為と判明した。内服等も決めていただき治療開始になんとかこぎつけた。その直前に父の歯科診療所のスタッフルームの入り口で突進歩行が出現し転倒。大腿骨頸部骨折を受傷。手術とその後のリハビリ入院4ヵ月の後、介護保険を嫌う母の為に、私は「一人老健」を考えた。一軒家持ち家をクリーニングし老人保健施設での関わりを私一人でする。そもそも老健は自宅での生活に戻るための中間施設。母の為だけの中間施設を私なりに用意し挑戦した。その「一人老健」の取り組みの中、社会参加の一環として、母の行きつけの美容院でのヘッドスパを思いついた。「サイコロジカルヴィクトリー」の第一歩は、やっぱり気持ち良く、そして、美しくなること。私が「一人老健」での入浴介助のお風呂も良いが、行きつけの美容院まで歩いていき、美容師さんにヘッドスパ中、話を聴いてもらう。母が話したいことを他人に聴いてもらう時間も本当に大切で。「一人老健」は素晴らしい挑戦だった。この挑戦（約半年）で、母は無事、自宅での生活に復帰できた。その後、天国へ旅立つまで介護保険制度を利用せず自立生活を続け、パーキンソン病では無いことを証明しようとしていた。もしも私のあの挑戦がなかったなら、母の意思に反し介護保険が導入され、今も生きていたかも知れない。もしも私のあの挑戦がなかったなら、介護に無関心であった家族が母の介護に関心を持っていたかも知れない。それでも私に挑戦がなかったら、今頃、「ザイタク」医療・「ザイタク」リハの道は諦めていただろう。「一人老健」のそこには確かに、訪問リハビリではなく母の意思であった「ザイタク」リハが存在した。

② 入院大ッ嫌いさん
精神疾患・認知症・大腿骨頸部骨折

　せんせいな、今日な、仲良しの訪問看護さん来てな言うてくれたんや。奥さんのパンツ、もう何回も洗ったんやから、十分頑張ってるわよ。そんな色々気い揉まんと、気晴らしにデイサービス行っといでよ。お父さんの人生やねんから、自分の人生を歩いたらええ。って。ワシなんでか知らんけど、涙が出たわ。せんせいな、デイサービス行ってる間にな、こいつな、また風呂入って溺れとってもな、しゃあないやんな？

　そう仰るご主人、奥さんが大腿骨骨折してからもう半年。家の土間の向こうにあるトイレに行く際に転倒し、左大腿骨骨折を受傷。奥さんは精神疾患による措置入院の経験があり、入院治療拒否の中、保存療法でここまで乗り切ってきた。奥さんは、骨折後の暮らしも十分うまくやっている。這って行く土間のトイレまでの距離を考えた内服排便コントロール。コタツで寝転びながら摂る食事も嚥下を考慮したポジショ

ニングになっている。朝夕と自力で這って行き入浴する。また浴室での排尿も安定している。常に外の庭にある私に似た狸の置物の事も訪問の度に、見て来い！と気にしている。先日は、急に思い立ち、お手製のゴロゴロに息子とご主人に乗せてもらい狸の置物と記念写真撮影も。そして、ご主人の冒頭の発言。「溺れてもしゃあない」と言いながらも、ご主人がデイサービスに行き奥さんが日中独居になる時は、自動お湯はり装置のコンセントをコッソリちゃんと抜いて留守の間の奥さんの入浴が無いように、実は配慮している。

お父ちゃん、訪問看護師さんの言葉、嬉しかったよなあ。

ちょっとデイサービス行って気晴らししたらまた、パンツ洗えるやろ？

せやなあ、嫁はあんなにも口悪いけどな、ワシの一度きりの人生の大事な嫁やしな。ホンマは気が滅入るんやけども、便の失敗も生きっとったらしゃあないんやし、また洗うわ。

こう話すご主人のそのお顔は、訪問看護師の言葉が嬉しかったのか、やっと優しく笑顔で涙目になっていた。その横で奥さんは、安心したのか、ワタシは眠いのでもう寝ますって話されアッチ向きにスムーズに寝返っておられた。

病院受診がなくても、「暮らし」を諦めない方法があることを証明してくれている。診察室でみる彼らの人生はほんの一部で、私達はそれを言い訳に、入院治療を強制してはならない。リビングウィルを尊重し、こういう形での「ザイタク」医療・「ザイタク」リハもある。

③ ポータブルトイレさん
間質性肺炎・在宅酸素療法中

私はリハビリテーションが大好きで、「ザイタク」に取り組んでいると言っても過言ではない。ちゃんと生活再建（Re-habilitation）に取り組むことで、「今住んでいるところで人生を全うできる」と信じている。 先日も、間質性肺炎で呼吸不全の男性が、「排泄」に困られていた。ポータブルトイレの選定や、オムツでの生活、訪問入浴導入等々、これからの自宅での「暮らし」の中の「排泄」相談が、診察の時にあった。一時間くらいかけて、ポータブルトイレの選定をした。普段からよく連携している福祉用具貸与業者のT君に電話し、ご本人と奥さんと私と、電話の向こうのT君と、あれやこれやとトイレ選びを行った。翌週に、再度ご自宅に伺うと、彼が選んだ、高級ポータブルトイレが準備されていて、自宅での「排泄」が非常に上手くいっていた。「今住んでいるところで人生を全うする」為には、「排泄」のことは絶対に欠かせない。家々によって方法は様々だが、必ずピッタリな方法が見つけられる。身体機能は、誰でもいつかは低下し不自由になる。リハビリテーションを知るものが、それに抗わないことは、ある意味「拘束」に近いくらいの問題である。「排泄」のことに取り組んだだけだが、非常に感謝してもらえた。理学療法士による呼吸リハビリの訪問リハビリ施行中。生活全般・日常生活動作への継続したアプローチもやはり重要である。訪問スタッフと生活全般・日常生活動作を意識してより一層連携していかなければならない。

④ スイカさん
肝癌ターミナル期

美味しい……肝臓の終末期の症状で、肝性脳症というのがある。声をかけなければボーっとしている状態で、黄色いが、眉間のシワはない

ので、穏やかに寝ていられる。　先生、化学療法は駄目なんわかるんです。新薬とか、漢方とか、なんかお薬ないですか？　大切な人がいよいよの時を迎えている。ご家族の必死の願いに応える術は、医療にはない。黙って、頷いて、ご本人やご家族の言葉を伺うも、武器であるはずの医療では、何も救えない。娘さんがそこへ冷たいアイスを運んでくる。お母さん、一口一口ゆっくり食べて。彼女の飲み込みや娘さんの介助の方法をより良い方へ少しリハビリテーション的助言をして、ご本人の様子を観察する。冷蔵庫にスイカもあるよ。と息子さん。ご主人が急いで冷蔵庫へ。そして、一皿に2センチの立方体に丁寧に切ったスイカが10切れくらい。お父さん小さくゆっくりよ。と娘さん。お父さんは、鼻水と涙でグシャグシャになりながら、一つ一つ、スイカを愛する妻の口に運ぶ。僕もちょっとだけ、「サイコロジカルヴィクトリー」な言葉がけ。ご本人に、大好きなお父さんのスイカ、美味しい？　大きく頷き、満面の笑みを浮かべ、黄色にポッと紅さが増して、冒頭の言葉だ。美味しい……ご本人もご家族も、必死に、涙を堪える。こんな大切な優しい時間には、涙ではなく笑顔が似合うんだとばかりに。「お家で暮らす」ということ。これにまさるリハビリテーションはない。そして、やっぱり、その場に必要なのは「ザイタク」リハだ。

⑤ 難破船さん
乳癌ターミナル期その1

あ……今日は難破船……って、思う時がある。　介護は先が見えないもの。それは当然。人の寿命は神様しかわからない。医者の予後予測なんて、あてになんない。だから、介護はやっぱり、向き合いすぎてはいけない。私も母の介護をしていた時、難破船みたいな状態に陥ってた。母の生活全てに構いたくなるし、介護に完璧を求めてしまい、遊びがなくなる。他人からの援助の言葉が耳に入らない。自分だけが苦しいと勘違い。それでも母が大切で、自分自身どうして良いか分からなくなっていく。

先生、私もう全てが嫌になってしまったの。ケアエール（介護者情報共有アプリ）とか、そんなんもうどうでもいいの。あーーーもう全部終わってほしいの、駄目かしら……なんで、この人の介護するって思ったんだろう……あの時、こんな選択したこと、今頃後悔してるんです。

ザイタクは素晴らしいことは、もちろん多いけど、本当のところ、そうでないことだって、たくさんある。人間は、人と人がいて、人間だ。その究極の形が介護だと私は思う。相手を想い、相手に委ね、相手と暮らす。時に、難破船になることだってあるだろう。それが、やっぱり人間らしい。「ザイタク」医療・「ザイタク」リハはそんな時、いつだってそばに居て助け舟になる。今日は、玄関扉を開けた瞬間に、全てを理解した。あ、難破船。それでも座礁は絶対させないぞと私も覚悟を決め時間をかけて関わる。ティルト車椅子に乗り移り、介助リフト導入も考えながら、外のウッドデッキでホットタオルでお顔を温め、肩甲骨周囲のマッサージ、塩チョコパイと冷たい緑茶でお茶をして、その後、ご本人が嫌いな口腔ケア。介護者さんとのお話は、お家の中でうちの保健師にやってもらう。ざっと1時間でご本人達の座礁は回避できたかな……。「ザイタク」医療・「ザイタク」リハは素敵だけど、やっぱり大変なこともある。

⑥ リカバリーさん
乳癌ターミナル期その2

タナカ、外科医で一番大切なこと、何かわかるか？！　わからんやろな〜目先のことだけ見てるうちは気づかんよ。病気を治す為に外科手術に挑戦する時、手術の腕前や速さ、そんなことは大切じゃない。腕前や手術技術は年齢や時代に左右される。ロボットやコンピュータが手術する時代だ。どんなに上手くても、どんなに下手でも、手術に関しては大きな差がない時代になる。患者のこれからの人生、どこで、差が出ると思う？！　胸部外科の研修医だった頃、尊敬する胸部外科の教授に、一番最初に習ったのが、薬屋と付き合うな。医者としての魂抜かれるぞ。二番目に習ったのが、手術の腕前よりも大切なのはリカバリーだ。ってこと。今、取り組む「ザイタク」医療・「ザイタク」リハは、「暮らし」を最後まで諦めない。緊急往診や看取りの為の在宅医療は現在完成しつつあるだろう。それとは少し違う「ザイタク」医療・「ザイタク」リハは「暮らし」に挑戦し続ける。だからこそ、リカバリーはすごく大切だ。先日、患者さんのお宅でバーベキューがあった。お花見会で知り合った患者さんご家族も参加され、ご本人は、バーベキューの間中、いつもは開かない目を開け、お肉も召し上がられ、お越しの皆さんにご挨拶もされた。楽しい「暮らし」の挑戦の後は、リカバリーは必須だ。脳転移症状により嚥下障害もあり、体幹保持も困難な中での、大切なご家族とお仲間とのバーベキュー。いつも以上に、経口摂取も可能となってはいたが、この「暮らし」の挑戦の肝は、翌日のリカバリーにある。翌日の訪問診療で、腹臥位療法のポジションを取り、誤嚥性肺炎の予防と、体幹の緊張のリラクゼーションを図った。この腹臥位療法。ケアエールで動画をリアルタイムで共有し、ご家族を筆頭に、関わるみんなで挑戦してもらうことにした。タナカ、お前が一人前になるにはな、どの医者よりも患者のところに足を運べ。そしたらな、今、なんのリカバリーを打っておかないといけないか、患者を見ればわかるようになる。実際、患者がそれを教えてくれるんだ。研修医時代胸部外科ではリカバリーの得意な教授に学んできた。彼はいつも言っていた。「患者を見ろ！！」と。

⑦ ザイタクさん
どんな患者さんでも

先生、私はこれだ！　とその時からわかっとったんです。いくら、死を意識しなければいけない病気に侵されようとも、決して、より良く暮らすことを諦めない！　それこそが在宅医療だって、父をガンでお家で見送った時、わかったんです。だって、あの時、先生たちだけですもん、お家で穏やかに必ず過ごせる、暮らせるって、言っていただいたのは。だから、今度は母が、もしかしたら、それが近いのかも知れんのですけど、死ぬ準備やなくて、より良く暮らす準備をしてやりたいと思っとったんです。そんで、やっぱりそれなら、今度も、「ザイタク」医療のタナカ先生にお願いしたいって思ったんです。だから、お家に来てください。お願いします。

熱い熱いこんな素敵なご依頼がくる。「ザイタク」医療・「ザイタク」リハは、どこまでいってもより良く暮らすため。そして、どこまでもご本人のためにありたい。私達も謙虚にしっかりと努力を重ねよう。患者からの学びは続く。

4 まとめ
なぜ今「ザイタク」医療・「ザイタク」リハなのか

コロナ禍を越え、コロナ新時代になった。コロナ禍は、在宅医療、訪問診療が広く知られる機会になった一方で、在宅医療は病院医療を家にそのまま持っていく形の印象が強まった。最後まで「暮らし」を諦めない医療が必要であるはずの生活の場には、そのような在宅医療は馴染まない。そして、今、どちらかと言えば「ザイタク」医療・「ザイタク」リハは必要とされることさえなくなりつつある。しかし、「生活再建」という視点においては、リハビリテーション職の関わりを中心にした在宅医療の構築は急務だ。最近、医療依存度の高い患者の在宅医療の依頼が増えている。在宅酸素療法、人工呼吸器、中心静脈高カロリー輸液、胃瘻、人工透析、尿カテーテル等々。時に、患者から「この延命治療は中止できないのか?」「本当は、この延命治療はしたくなかった。こんなつもりじゃなかった」といった言葉も聴く。インフォームド・コンセントといった使われて久しい意味合いのものだけでは解決せず、患者と医療者の両者はどこか交わってもいないとさえ感じてしまう場面に遭遇することが増えている。現場では、アドバンス・ケア・プランニング(人生会議)と言った考えのもと、医療判断決定において市民・患者の介入を求めている。しかし、現実には普及していない。それはなぜか? おそらく、市民・患者の考える願いと、医療者が要求していることは、乖離しているからだと思われる。誤解を恐れずに言うと、人生会議というものに対し医療者はあくまでもケア(医療行為)の意思決定を求め、一方、市民・患者は生活の質に関することや「暮らし」方・生き方・死に方をイメージしている。つまり、アドバンス・ライフ・プランニング(筆者は人生会議とは別の表現がよいように思うが……)のようなイメージに近いように思う。この隔たりは、立場の違いにより、これからもおそらく埋まらないだろう。しかしながら、まずは立場の違いの相互理解ができれば前進するのではないだろうか? 今こそ、この相互理解の場をつくり、市民・患者と医療者が対話を始めるべきだ。コロナ新時代は幕開けたが、市民・患者と医療者の対話はコロナ禍以前より減っている。双方向に作り上げる「ザイタク」医療・「ザイタク」リハとあえて謳い、今こそ市民・患者と医療者の対話を増やしていきたい。

「訪問リハビリテーション」に関わる多くの若い療法士さんの「ザイタク」リハへのご参加を心よりお待ち申し上げます。またいつか何処かでご一緒できますように。

参考文献
○総合リハビリテーション 講座 脳の可塑性 シリーズ6 運動療法 総合リハビリテーション30巻12号1389〜1395、2002年(医学書院)兵庫医科大学リハビリテーション医学教室 道免和久 Kazuhisa Domen, MD, DMSc 兵庫医科大学篠山病院リハビリテーション科 田中章太郎Shotaro Tanaka, MD
○日本医事新報
【識者の眼】「「ザイタク医療」③〜生活を支える医療〜」田中章太郎 No.5060(2021年04月17日発行)P.65
【識者の眼】「「ザイタク医療」④〜暮らしは最期まで〜」田中章太郎 No.5066(2021年05月29日発行)P.63
【識者の眼】「「ザイタク医療」⑤〜リハの真髄は"サイコロジカルヴィクトリー"〜」田中章太郎 No.5070(2021年06月26日発行)P.62
【識者の眼】「「ザイタク医療」⑫〜ザイタク医療〜」田中章太郎 No.5101(2022年01月29日発行)P.62

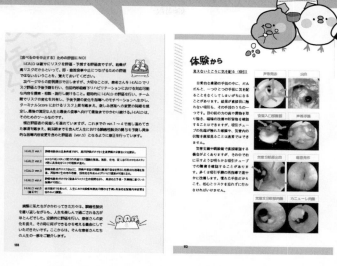
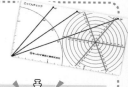

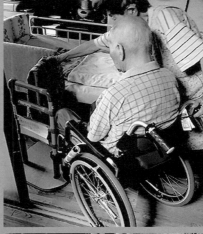

雑誌「訪問リハビリテーション」
第 13 巻・第 2 号
135 から 136 ページの掲載記事について

2023 年 6 月 15 日に発行した「訪問リハビリテーション」第 13 巻・第 2 号の 135 ページから 136 ページの内容に一部誤りがございました。

記事内にて、ご紹介した事例の方とお写真の方は別の方であり、写真（図 3 ～ 5）の方は事例の内容とは一切関係ございません。

この度の掲載により、ご本人様ご家族様には大変なご迷惑をおかけしましたこと、誠に申し訳ございません。

また、掲載確認の連絡におきましても、後手後手の不手際があり、お写真の方に不快な思いをさせてしまいましたことを、心よりお詫び申し上げます。

今回のことを真摯に受け止めて、今後このようなことが無いように努めてまいります。

この度は、ご本人様ご家族様、読者ならびに関係者の皆さまにご迷惑をおかけしましたことを、重ねてお詫び申し上げます。

2023 月 9 月 14 日
株式会社ともあ

診療看護師（NP）に聞く
在宅における
早期発見・重症化予防のために
リハ職ができること

医療法人 宏潤会 大同病院
診療部 NP 科 診療看護師（NP）
早野 紗由美

1. はじめに

　本邦において診療看護師（nurse practitioner、以下NP）は、国内の就業看護師数約128万人（2020年）[1]に対して0.0006%の759人しか輩出されておらず（2023年4月現在）[2]、多くは病院内で活動しており、在宅医療など地域で活動するNPも存在するが、地域の他の医療機関や住民への周知までには至っていない。今回、NPについて本誌に紹介する機会を与えていただいたことに感謝し、本稿を執筆させていただく。そして、医師の「診る」と看護師の「看る」の2つの視点をもつNPから在宅生活を支援するリハ職の方々に早期発見・重症化予防について学ぶ機会になることを期待している。

1. NPって何?

　NPとは、大学院修士課程（NP教育課程）を修了し、医師不在時等においても迅速かつ安全な医療を提供できるよう、あらかじめ作成した手順書[※1]に沿って特定行為[※2]をはじめとする診療行為を行うことができる看護師である。

2. 在宅現場でNPができること

　在宅医療の現場では、デブリードマンを含めた褥瘡処置や気管カニューレ・胃瘻チューブ交換などの特定行為を実践することでタスクシフトとタイムリーな介入を可能とする。さらに日頃から医師と連携を取り入れることで疾患管理にも寄与する。たとえば、訪問先で感染症を疑う発熱に対応する場合、訪問看護師は直ちに主治医へ報告し、往診または外来受診、救急搬送につなげることが役割となる。一方、NPは、自ら病歴聴取・身体診察を行い、疾患の鑑別に必要な血液・尿検査、各種培養を提案し、治療

の方向性（過去の罹患状況・既往歴を考慮し、抗菌薬の種類・量など）を交えた報告を主治医に行い、より速やかな治療につなげることができる。

*1　手順書とは
医師又は歯科医師が看護師に診療の補助を行ってもらうために、その指示として作成する文書であり、「看護師に診療の補助を行ってもらう患者の病状の範囲」、「診療の補助の内容」等が定められているもの。

※2　特定行為とは
診療の補助行為であり、看護師が手順書により行う場合には、実践的な理解力、思考力及び判断力並びに高度かつ専門的な知識及び技能が特に必要とされる38行為21区分である。
－特定行為38行為21区分　厚生労働省ホームページ－

2. 早期発見・重症化予防の視点

　病院・診療所内では、何か問題が生じても医師・看護師がすぐに対応できる、いわゆる守られた環境である。一方、在宅の現場はリハビリスタッフ単独の訪問となるため、リハビリスタッフ個人に判断を求められる機会が増加する。つまりリハビリ的な視点からのアプローチだけでなく、医療・看護の視点からの判断を求められるということである。

　「何だか元気がない」「動きが鈍い」などはありふれた症状だが、その陰に重大な病気が隠れていることもある。"何かいつもと違う"を嗅ぎ分ける能力を身につけ、うまく伝えることができれば、他職種との連携は円滑となり、ひいては早期治療につなげ重症化を予防することができる。また、利用者の健康上の変化（悪化）を早期発見することは、デコンディショニング（deconditioning）を最小限にとどめるといった点でも何よりも重要なことである。

　本稿では、NPの視点から、発熱から考える早期発見と内服薬からみる転倒・転落リスクと重症化予防の視点について述べる。

1. 発熱から考える早期発見の視点

　発熱は日常茶飯事である一方で、高齢者の症状の特徴として、加齢に伴う身体的な変化と感覚機能の低下、疼痛閾値の上昇などにより症状が出にくく、認知機能低下などで訴えをうまく表現できない。さらに、生体反応の乏しさや内服薬（NSAIDs・ステロイドなど）の影響により感染症時に発熱を認めないことがあり、重症疾患であっても「見かけ上のバイタル正常」ということがある。とは言え、やはりまずはバイタルサインの確認は必要である。体温・血圧・SpO2は測定されることが多く、異常があると医療者のケアが多くなるが、頻拍・呼吸数は軽視されやすい傾向にあり、測定されないこともある。しかし、呼吸数増加は高齢者の感染症で有用な情報であり[3]、呼吸状態が悪くなると、身体は呼吸数を増やすことで体内の酸素濃度を維持しようとするため、SpO2が保たれていても、呼吸数を数えなくては評価できない。全身性炎症反応症候群（SIRS）の診断基準を、重症化を警告する目安として知っておくとよいだろう。これに悪寒戦慄を伴うとなおさら感染症の可能性が高くなる。

「全身性炎症反応症候群（SIRS）」診断基準[4]
① 体温＞38℃、または＜36℃
② 呼吸数＞20回/分、またはPaCO2＜32mmHg
③ 心拍数＞90回/分
④ 白血球＞12000/μL、または＜4000/μL

※感染症が疑われる患者で、上の4項目中2項目以上を満たすと敗血症の可能性が高い。

バイタルサインの正常値はあくまでも目安であり、大切なのは普段との比較である。同居している家族の"何かいつもと違う"という感覚は重要であり、決して見逃さないでほしい。発熱のある高齢者で、普段よりも「混乱している」「失禁」「転倒」「動きにくい」「リハビリをしたがらない」などの変化があれば、8割近くは感染症の影響である[5]と言われており、長い時間経過がある在宅療養において、慢性期の微妙な変化を見逃さないためには小さな症状変化を拾い上げる努力をし、何気ない訴えでも重大な疾患の可能性を考慮する必要がある。そして高齢者は症状に乏しくても短期間に重症化しやすいことを念頭におく。

在宅高齢者の発熱の原因として、肺炎、尿路感染症、皮膚や筋肉の感染（蜂窩織炎など）が頻度として多いため[6]、それぞれの感染症の特徴的な症状を知っておくとよいだろう。

主な細菌感染症の特徴

肺炎
- ✓ 頻呼吸
- ✓ 咳・痰（ないこともあるので注意）
- ✓ SpO2 低下
- ※「脳梗塞後」や「嚥下に問題がある場合」は危険
- ※「結核」の可能性はないか？（既往歴を確認）

尿路感染症
- ✓ 頻尿
- ✓ 尿性状の変化（臭い、色）
- ✓ 腰背部叩打痛
- ※「尿道カテーテル」がある場合は特に考慮

皮膚や筋肉の感染（蜂窩織炎など）
- ✓ 局所の発赤・腫脹・熱感・疼痛
- ✓ 褥瘡があれば、周囲の発赤や痛みの増強を確認
- ※全身くまなく皮膚の観察

※その他にも、過去に何度も繰り返したものは、また繰り返しやすく、人工物の入っている箇所は、感染しやすい特徴がある。

---

2. 内服薬からみる転倒・転落のリスクと重症化予防

（1）転倒・転落のリスク～内服薬に焦点をあて～

転倒・転落に関わる要因として、筋・骨格系の変化や視力・聴力の低下、末梢神経障害のほか内服薬などが複合的に影響し、歩行機能の低下、バランス障害につながる。内服薬に関しては、高齢になるほど薬が効きすぎることがあると考えたほうがよい。また、副作用としてふらつきなど転倒・転落の要因となる内服薬は多数存在し、さらに多病によるポリファーマシーはそれらが組み合わされることでリスクが高まる。たとえば、トイレ動作の自律目的で訪問リハビリを始めた利用者が、足の浮腫が強くて気になると主治医に相談したところ利尿剤が処方されたとする。薬で浮腫は幾分軽減したが、一方で、頭がクラクラする。トイレに行く回数が増えることで疲弊し、歩行がおぼつかなくなる。あるいは動作が間に合わないこともありトイレを失敗してしまった。ということが起きることがある。このように、トイレ動作の身体機能の問題以上に与薬されていた薬が問題ということはしばしば見受けられる。このような場合、リハビリを始めても薬の整頓がなければ問題は解決しない。求められるのは「薬は問題ないか」の意識である。（表1）

（2）転倒後～忘れた頃にやってくる重症疾患～

転倒から2ヵ月後、骨癒合し、杖でなんとか歩行できるようになった利用者がいるとする。ある日、定期訪問すると、ベットから起きられなかった。主介護者が「何となく様子がおかしくて、話が通じないなぁ」と感じていたところ、1週間前から毎日ひとつずつ"できないこと"が増えた。食事が自分で食べられなくなって、トイレに行けなくなって、ついにベットから起

表1

薬の種類	薬の種類と対象	主な副作用・注意事項
睡眠薬	ベンゾジアゼピン系睡眠薬 （ハルシオン、レンドルミン、 ロヒプノールなど） 非ベンゾジアゼピン系睡眠薬 （マイスリー、アモバンなど）	認知機能の低下、せん妄、 運動機能低下・ふらつき、 転倒、中途覚醒時の健忘など
抗血栓薬 （抗血小板薬、抗凝固薬）	イグザレルト、エリキュース、 ワーファリン、プラザキサ、 パナルジン、プラビックス、 プレタール、バイアスピリンなど	出血傾向 （潰瘍、消化管出血、脳出血など）
降圧薬	カルシウム拮抗薬（アムロジピンなど）、 アンジオテンシンⅡ受容体拮抗薬： ARB（アジルバなど）、 アンジオテンシン転換酵素阻害薬： ACE（レニベースなど）、 利尿剤（ラシックスなど）	過降圧などによるふらつき、 脱力感、転倒
鎮痛・解熱薬	非ステロイド性抗炎症薬（NSAIDs）、 アセトアミノフェン	消化管出血、腎機能低下、 ふらつき、脱力感

きてこなくなった。バイタルサインは安定しているが、呼びかけに開眼するのみでコミュニケーションが取れず、看護師に相談したところ、医師の指示で救急搬送となり、頭部CTで多量の「慢性硬膜下血腫」が見つかり、緊急手術となった。

慢性硬膜下血腫は、転倒等による軽度の頭部打撲をきっかけに、硬膜下腔に静脈性出血による血腫が形成されるもので、通常、外傷後3週間〜3ヵ月の間、即ち頭を打ったのを"忘れたころ"に発症し、血腫がある量を超えたときに臨床症状が出現する。数週間の経過で認知症様の症状などの精神症状、麻痺、頭痛などが現れるため、転倒直後の頭部CTが正常でも油断はできない。抗凝固剤の内服があれば尚更、注意が必要である。徐々に症状が出てくるため、危機感を持ちにくいが、転倒のエピソード（明らかな頭部外傷がなくても、知らぬ間に頭を打っていた可能性もある）があれば、様子や歩き方

がおかしくなったら意識して、慢性硬膜下血腫の可能性を念頭におくとよいだろう。

3. リハ職へのメッセージ

日々のかかわりの中で単に計測した数値が異常値を示すことだけが問題ではなく、利用者の様子が"何かいつもと違う"という気づきが芽生えるかどうかが早期発見・重症化予防には重要となる。本稿で学んだ知識を活かし、どんなふうに違うのかを言葉にしていくと、きっと主治医・看護師をはじめとする他職種との連携が円滑になり、よりよい医療を提供できるようになるだろう。情報伝達に「SBAR」[7]という方法を紹介する。これは利用者の状況に関して、即時の注目と行動が必要な、重要な情報を伝達するテクニックである。

S：situation（状況）
「患者に何が起こっていますか?」

B：background（背景）
「臨床的背景と状況はなんですか?」

A：assessment（評価）
「何が問題だと思いますか?」

R：recommendation（推薦）
「それを修正するためには何をすればいいですか?」

引用文献————
1) 厚生労働省：2020年衛生行政報告例（就業医療関係者）の概況. 2022.
2) 日本NP教育大学院協議会：診療看護師(NP). 2023
3) 齋藤雄之：どんな時に誤嚥を疑うのか? JIM 20(2)：94-97,2010.
4) 米国胸部疾患医学会, 米国集中治療医学会：SIRS診断基準. 1992.
5) Berman P, et.al：The atypical presentation of infection in old age. Age Ageing16:201-207,1987
6) 横林ら：在宅高齢者の発熱実態調査：後向きコホート研究 第12回日本在宅医学会演題より
7) 米・AHRQ「Team STEPPS」http://teamstepps.ahrq.gov/より改変

利用者が自宅で安心して療養生活を送るためには、1つの専門職が専門性を発揮するだけでは不可能であり、多職種連携が欠かせない。さらに、利用者の多様化するニーズに応えていくには、お互いに助言を行い、知識・技術を向上させ、チームアプローチから利用者や家族をサポートしていくことが求められる。今回述べた内容は、リハビリスタッフのみなさんにはやや堅苦しく医療に偏った内容であったかもしれないが、本稿が転ばぬ先の杖として利用者を支える一助になれば幸いである。

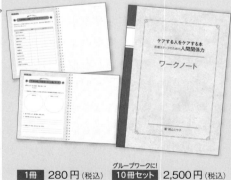

関節拘縮にやさしく届くポジショニング

坐王さま　ナカガワ

座面開発のノウハウ、放流しますね

第2回　拘縮対策を導く「こしあん（個支安）」

人体の感覚は鋭敏で、姿勢と分けて考えられないことを、私は座面開発の中で人体に教わりました。

坐王さまは坐りの王国からやってきた心の師匠で、「ナカガワ、そこからもっと突き抜けてみんさい」と言われた気がしたので更に練り上げ、拘縮対策に有効なポジショニングの考え方「個支安（こしあん）」の存在に気づきました。

YouTube
坐りの王国

尾道クッション
理学療法士

中川 貴雄

1. 拘縮対策の考え方「個支安（こしあん）」

　カラダを安定させるポジショニングの理想形は、お椀型のような「水を掬い上げる両手の形」と前回お伝えしました。両手で作った器に隙間や抜けが無ければ、水をこぼさず貯めることができます。拘縮対策も同じように考えます。支えに抜けがあると重力との加減で不安定になり、緊張が増します。

　今回は、この流れを解説し、対象者個人の身体状況を「個」、カラダを支える環境を「支」、姿勢の安定を「安」として、「個支安（こしあん）」の考え方で、ポジショニングの実践方法をお伝えします。

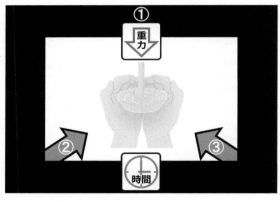

ポジショニング評価フレーム

お椀型で支えられている？

こ　個：個人
し　支：支え
あん　安：安定

拘縮対策に有効な考え方「個支安（こしあん）」

「**個**」：対象者個人の身体状況と、姿勢保持の状況のこと。

身体状況とは、普段の体調（可能な活動量と疲労具合と休息が可能であるか）や、BMI（肉と脂肪の量）、筋力、麻痺の有無、動き易い/動き難い方向、拘縮の程度、褥瘡の有無、などです。

拘縮にお困りの方に特徴的なパターンとして、頭部や手足を床面に強く押し付けて四肢が強く屈曲していることが挙げられます。インナーマッスルは姿勢保持に特化した筋肉ですが、それだけで姿勢の問題が解決できない場合に、強力な骨格筋・アウターマッスルのサポートが始まります。

寝たきりに伴う拘縮の原因は、拘縮を引き起こす細菌やウィルスではなく、「動かないから」でもなく、多くは不安定か痛みによって、アウターマッスルが常時駆り出される活動様式が選択され続けた結果です。拘縮とはその積み重ねであり、非特異的な筋肉の収縮様式の一場面といえます。

「**支**」：カラダを支える環境のこと。

重力環境でのベッド、マットレス、枕、クッションなどが、道理に沿って再現性あるポジショニングとして身体を支えられているかの問いです。ポジショニング評価フレーム（以下、フレーム）の出番はここです。

良いポジショニングは「身体を受け止める器が完成して、不安定なく支えている状態」で、「姿勢保持がインナーマッスル主体で済ませられる事」です。重力は身体のズレと緊張を作りもしますが、支えの器の軸になって身体を安定させてもくれます。

「**安**」：姿勢が安定していて、インナーマッスル主体の保持力で済んでいるか？」の問い。

図1では床以外の「支」が無いので自身の下肢の重みで体が捻じれていて、不動であっても「安」ではありません。安定していれば、筋肉の活動は必要最小限で済みますが、不安定だと強力なアウターマッスルの働きで代償します。

この「個」「支」「安」の関係性は、時間のつながりの中で筋肉の活動に影響を与え、拘縮の状態に変化をもたらします。

ポジショニングで、我々が関われるのは「支」だけです。時間の経過とともに変化が現れるため、今の状態をすぐに変えることは出来ません。お椀型のようにカラダを支える環境を作り、カラダのわずかな変化を捉えることが大切です。

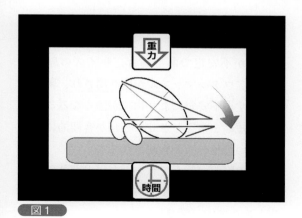

図1

2. 無意識のガマン

　人の身体は不快な環境や危険な状況から逃げるため、反射的に多くの筋肉が動員されて、意思と関係なく筋肉が収縮します。それでも解決が出来ず、逃げることもできない場合には、身をよじらせながら過緊張状態がずっと続きます（図2）。

　やっかいなのは頭脳が気づけないために、根本の対策を講じられないまましんどい状況が慢性化しやすい点です。これを「無意識のガマン」と定義します。環境への適応ができないまま、姿勢反射が過剰な活動に繋がってしまう状況が、関節拘縮の真相だと考えています。

　意識が無い人も、体性感覚や前庭感覚を頼りにベッド上で安定を求めています。良い「支」によって「安」が得られたら、「シンドイね…」が減り、「イイね！」が出現してきます。

　悪い環境から逃げられたり、環境を改善できる・してもらえるといった選択肢があるのは救いです。

無意識のガマン

居心地の悪い環境（下へズレたり、痛みが生じる状態）では、筋肉が常に収縮して安定を保とうとします。

その結果、まず最初に**身体の床面側**の筋肉に拘縮が生じます。

これは、筋肉の収縮様式からの確定事項であるため、居心地の悪い感情が改善しない限り、無意識のガマンが無努力に続きます。

図2

---

3. 拘縮へ介入できるポジショニングのポイントは「支」のみ

　前述したように、「個」「支」「安」の関係性は、時間のつながりの中で筋肉の活動に影響を与えます。拘縮を遠ざけるのは、支えが十分な「良い支え」ですし、緊張が高いのならば「支えに不全がある」かもしれない、となります。

　姿勢が不安定である場合、サイズの原理に則ってアウターマッスルが駆り出され、緊張を高めます。不安定により拘縮が強くなることが筋肉の短縮を常態とさせ、それが客観的には緊張が高い拘縮の人と判断されます。

　筋肉の緊張が緩んで状態が右肩上がりになるのか、緊張が高いままで右肩下がりになるかは「支」次第です（図3）。

計算式の裏側
【　緊張×時間 ＝ 拘縮　】
緊張している時間が長ければ長いほど、拘縮は強くなる

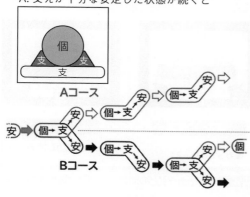

A: 支えが十分な安定した状態が続くと

Aコース

Bコース

B: 支えが足りなく不安定な状態が続くと

A ①支えが十分であれば

②インナーマッスルでほぼ姿勢保持が可能。

③サイズの原理によってアウターマッスルは必要最小限の活動で済む。

A 「 良い支え ⇒ 拘縮を遠ざける 」

B ①支えが不十分な場合には

②インナーマッスルだけで姿勢保持が出来ない。

③サイズの原理によってアウターマッスルが駆り出される。

B 「 支えの不全 ⇒ 緊張が高まる 」
緊張が継続されると、拘縮が強くなる
【　緊張×時間 ＝ 拘縮　】

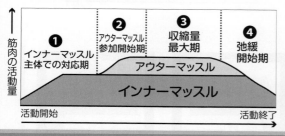

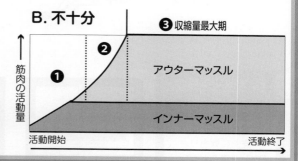

A. 支えが十分

- ❶ インナーマッスル主体での対応期
- ❷ アウターマッスル参加開始期
- ❸ 収縮量最大期
- ❹ 弛緩開始期

筋肉の活動量

アウターマッスル
インナーマッスル

活動開始　　　　　活動終了

B. 不十分

- ❸ 収縮量最大期

筋肉の活動量

❶　❷

アウターマッスル
インナーマッスル

活動開始　　　　　活動終了

図3

　ポジショニングで「支」を整えることで、アウターマッスルの出番が減るような安定姿勢を提供できれば、強張った筋肉は「ほわほわタプタプ」とした肉身に変わり得ます。関節可動域訓練の開始時期は、ジャストそこです。

　寓話「北風と太陽」で太陽が旅人に上着を脱がせた勝ちパターンは、拘縮に対して筋肉を引き伸ばすのではなく、姿勢の環境調整によって対象の状況に変容を促すことです。

坐王さまの至言、判断の資源。

【緊張×時間＝拘縮】ってナカガワが言うとるけど、緊張も本人が出す反応じゃけえ、思うても変えられんのよ。外からできるのは、筋緊張が高いままの暮らしにならんように、支えの調整を無理が無い範囲でする事よの〜。

A. 成功する場合
太陽の勝ちパターン

「個」に難あり。
「支」が有効。
「安」は得られるかも。
⇩
【緊張×時間＝拘縮】
の計算式に従って進む

数分〜数時間後
「うまくいくの？」
「変化はあるね……」

1週間〜10日後
「なんか……
変わってきた…？」

1ヶ月後（約4週間）
「なんか成功してる……」

図4　床とカラダとの間に、お支えするカラクリがある

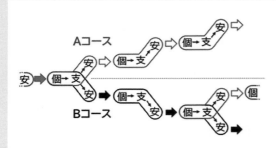

Aコース

Bコース

❸「収縮量最大期」のところで、十分な支えが得られれば、アウターマッスルの活動の必要性が低くなるのでAコースのようになる。

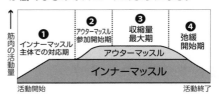

B. 失敗する場合
北風のゴリ押し

「個」に難あり。
「支」に難あり。
「安」が得られない。
⇩
【緊張×時間＝拘縮】
の計算式に従って進む

数分〜数時間後
「……」

1週間〜10日後
「なんか……
ちから入ってるねぇ」

1ヶ月後（約4週間）
「拘縮ひどくなったね」
「力を抜いたら楽なのに」

図5　重力の力を無視すると安定できず身構えたまま

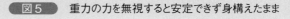

肘や膝を曲げる力に対して「力で圧倒するリハビリテーション？」では、大切な理念は窒息死しとるんじゃないかの？　皆は数十年後、そういった「サービス」を受けるかもしれんけど、どー思う？　ワシは受けとうないの〜。

4. 事例
やさしく届いた！！
～ご家族の太陽的なポジショニング～

事例：島のＡさん（仮名）

在宅／寝たきり／家族４人暮らし
四肢の屈曲拘縮が強くおむつ交換や
体位変換が困難のため訪問リハ開始

訪問開始時に、「個支安」で探ると３つすべてが不全であり、当然無意識のガマンもありました。ベッドで瞼を強く閉じ、声かけに反応はありませんでした。

	訪問 １～３回目	４回目以降
個	目を固く瞑ったまま	変化なし
	耳は聞こえていない？	聞こえていた
	発語、会話は無理	断片的に可能（！）お礼のお言葉あり
	筋緊張（卅）	（卅）～（卄）
	関節拘縮（卅）	（卄）
	るい痩（痩せ）	変化なし
支	「支」は不全	ご家族の協力が「言う事なし」レベル
安	「安」は不全	万全ではないが状態に変化有り

図6 Ａさんの変化

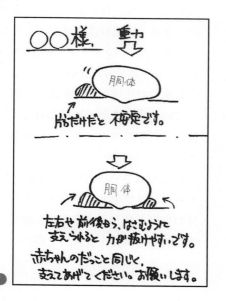

図7

ご家族は、家で看ることを希望され、より良い介護の方法があれば知りたいと、高いモチベーションをお持ちでした。ならばと、ベッド上の過ごし方の基本から見直す目的で、支えの重要性を簡単に図解してお渡ししました（図7）。実際の手技の伝達も行い、ご家族とＡさんが無理なく継続できることを目標にしました。

訪問リハ開始から約３ヵ月後の４回目、その日は「おや？　なんか今日は動きやすいな…？」という印象で、１回目の時とは違って運動への抵抗が少ないのです。この時は「ご家族の協力で緊張が鎮まって、すごいな」程度でしたが、その後、訓練時間が終わって帰る時、いつものように「Ａさん、今日もお世話になりました。来月また来ますね」と挨拶をしたのですが、この日は、目を固くつむっていたＡさんのお口から「ありがとう…ございました…」と絞り出す声が。『え、喋ってはる…！？』さらに驚嘆することとなりました。

Ａさんからの気づき、目の前の担当者のこと

私は、Ａさんとの体験を、「プロでなくても環境設定で姿勢保持に余裕ができれば、使わなかった発声機能に余力を回すことができた。そもそも言語機能の喪失ではなかったかも？」と思いました。「能力の喪失ではなく、支える以外に機能を使えなかっただけ」なのかしら？と思います（だから、反応が無いと思っている人からも、実は介入する我々の技術や独り言を知覚され判定されていると思うと、身が引き締まりませんか？）。

人体は、環境に対して緊張で「回答」しています。この「回答」はご自身にしかできませんが、支えによって「解答」の過程をお助けすることはできて、「回答」も変わり得ます。次回が最後となりますが、座面開発から得た環境調整の実際の一案をご提案させていただきます。人が、姿勢の悩みを忘れて過ごせる未来を祈りつつ。

外国人看護助手といきいき働くためのかかわり方のコツ

ベトナム人看護助手のインターンシップ受入れの事例を通して

株式会社セルフ・グロウ　**岡山 今日香**

共著 社会医療法人 財団新和会
八千代病院 看護部長　**植村 真美**

はじめに

「どうして日本の看護師さんは、患者さんのお世話もしますか？」

そう純粋な表情で質問をしたのは、2022年にベトナムの医薬大学からやってきた看護学生のゴックさん。

社会医療法人 財団新和会 八千代病院様（以下、八千代病院様）のインターンシップ生です。「ベトナムの看護師は、薬を配ったり、血圧を測ったり、点滴をしたりしますが、患者さんの身の回りのお世話は全て家族がするんです」。彼女からベトナムと日本の看護・介護の違いを1つ教わった瞬間でした。

弊社 株式会社セルフ・グロウ（愛知県名古屋市）は、外国人材の受入れ支援、教育等を行う人材総合サービス企業です。医療法人へのインターンシップ提案からベトナムの大学とのインターンシッププログラム策定、単位認定手続き、ビザ申請、インターンシップ生の入国までの日本語学習支援、入国後の生活サポートなど、その役割は多岐にわたります。日本語教師やベトナム人通訳が在籍し、医療法人様が安心して受入れができるようバックアップをしています。筆者は、日本語教師の資格と経験を活かし、外国人職員の生活面、日本語学習面の支援をしています。またお客様に対し、外国人職員と働く際のコミュニケーションのコツなどを伝える活動をしています。

本稿では、ベトナム人看護学生をインターンシップ生として受入れた八千代病院様の事例を紹介し、受入れを通して見えてきた外国人職員を受入れる際のポイントについてまとめました。

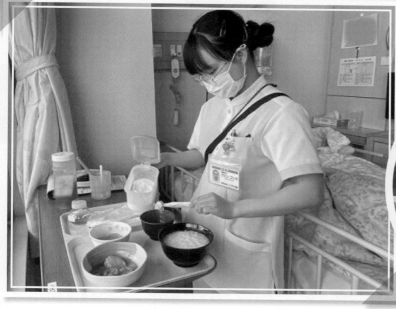

海外インターンシップ制度とは

受入れのスキーム

　日本国が認める海外インターンシップ制度とは、海外の大学に在籍している現役の学生が来日し、日本の企業においてインターンシップを経験できる制度です。入国するための在留資格は「特定活動（告示9号）」です。インターンシップは、1年を超えない期間で、かつ、通算して大学の修業年限の2分の1を超えない期間であることと定められており、学生はインターンシップ修了後に帰国し卒業手続きを行います。インターンシップ期間中に受入れ法人と相思相愛となれば他のビザで再来日し、再度就業することも可能です。

　この度、八千代病院様では1年間、インターンシップ1期生を受入れていただきました。日本人看護学生と同じく、実習中の医療行為はできないため、看護助手として助手業務や介護業務を行いつつ、看護師業務の見学や研修の受講などを行いました。

インターンシップが始まるまでの経緯

　弊社では、ベトナム中部にあるフエ市との交流を長年にわたり続け、現地の日本語教育センターとの繋がりも大切にしてきました。フエ市の市長や、フエにある複数の大学と対談を行う中で「ぜひ中部の人材が日本で学ぶチャンスをつくってほしい」とお話をいただき、大学と日本の医療法人との橋渡しの役目をするため、活動を続けてきました。

　そして2018年、ベトナム中部のフエ医科薬科大学の看護学生がインターンシップ生として、日本の医療法人で就業体験する取り組みが始まりました。その第1例目の受入れ法人として手を挙げてくださったのが、八千代病院様です。これはフエ医科薬科大学にとっても初めての日本への学生派遣となり、日本国にとっても、ベトナム看護大学からの看護・介護のインターンシップ受入れは初の試みでした。

インターンシップ生
実際の様子

共著者　八千代病院 看護部長　**植村 真美**

看護助手を入れようと思った
背景

　当院は看護師や看護助手不足という課題を抱えていました。特に看護助手は派遣職員に依存する状況で、ベトナムのインターンシップ生を受け入れることは人的不足を補う一助となるのではないかということがきっかけでした。しかし、看護学生を受け入れることは、単なる人的補完だけでなく、ベトナムと日本を看護で繋ぐ第一歩になると考えました。インターンシップ生が将来日本で働くという選択肢を持てるのではないかという期待もありました。また、当院の看護職員にとっても、異文化を学び、価値観を共有する経験となり、視野を広げる機会となるのではないかと考えこの取り組みを始めました。

実際

　インターンシップ生が日本で安心して暮らせるよう衣食住の整備から始めました。住居は安全の担保や安価な家賃を考慮し、看護師寮を提供しました。生活必需品、Wi-Fi環境などを準備しました。直属の上司である看護課長も、孤独感に襲われないよう見守ってくれました。しかし、私たちの心配をよそに所属部署のスタッフがあれこれとお世話をしてくれ、安い市場、テー

サポート

コミュニケーション
　日本語、英語、翻訳ソフトの併用
業務・技術
　看護師とペア看護業務、新人技術研修、
　介護施設見学、訪問経験、大学病院見学

マパークなどにも行くことができました。「雪が見たい」という願いを叶えるため高山バスツアーを決行し、人生初の雪ではしゃぐ姿に一同が笑顔になりました。

　業務の面では先輩看護助手とペアで仕事を始めましたが、言葉の壁があり、簡単な日本語、英語、翻訳ソフトなど色々と駆使しながらコミュニケーションを図りました。看護助手の仕事は毎日反復する内容が多くあり、次第に自立することができました。一方、看護学生であることを踏まえ、新人看護師の技術研修に参加したり、看護師とペアで看護業務を行ったりしました。また、日本の医療制度を具体的に理解できるよう、介護施設や訪問看護ステーションの見学や在宅訪問の経験、高度先進医療を学ぶため大学病院の見学も行いました。本人の高い向学心や素直さから多くのことを吸収することができ、これらの経験はインターンシップ生にとって日本で仕事をするという選択肢をより現実的なものとしました。当院の看護職員はインターンシップ生の学ぶ姿勢や努力を惜しまない姿に刺激を受けたと述べており、双方にとって意味ある体験になったと感じています。

1期生受入れからの気づき、受入れのポイント

筆者は、インターンシップ生のゴックさんの1年間の滞在中、主に生活面、日本語学習面のサポートを行いました。そこで気づきを得た、受け入れ時のポイントは以下の通りです。

その他の気づき

- 日本語の習得が非常にスムーズで早い。新出の専門用語が多く、一生懸命メモをしながら覚えていた。
- 純粋で素直な性格から、出来事全てに真摯に向き合い、学びにつなげていた。
- 受入れ前の面談では、人柄、特長、このプログラムにマッチングするかどうかをよく知ることも大切。

生活面のサポート

健康管理
慣れない環境や「水」の違いによる体調の変化に注意

受入れ環境
周りの職員がインターンシップ制度の目的を理解し、組織全体でインターンシップ生を迎える雰囲気づくりを行う（仲間・友人づくりも）

生活指導
株式会社セルフ・グロウなどの業者による支援を得る
＜具体例＞
空港送迎、入寮、行政手続き、近所のスーパー、薬局、100円ショップ、交通機関、SIMカード購入などの案内、本人とのSNS交流、月1回の定期面談（健康面、生活面、仕事面のヒアリング）

学習面のサポート（病院と共同）

研修の実施
研修を実施する際は事前に資料を渡しルビを振る、意味を調べるなど予習を行う時間を確保するとよい

看護師としての成長支援（病院側）
本人の希望を確認しながら幅広く研修や行事を計画する

日本語のサポート

＜具体例＞来日直後や研修時のベトナム人通訳の派遣、日本語能力試験など各種試験受験のサポートを業者に依頼する

おわりに

本稿では、日本で第一例目となるベトナム人看護助手のインターンシップ制度での受入れ事例を紹介しました。現在、八千代病院様にはインターンシップ2期生が就業しており、3期生は2024年2月に来日する予定です。

ベトナムには、日本の病院で働くことを夢見る看護学生が多くいます。一人でも多くの学生たちの夢を叶えられるよう、筆者は日本の医療法人様へのご提案と橋渡しの役割を続けたいと考えています。もし読者の皆さまの中にベトナム人学生と共に働いてみたいと関心をもってくださる方がいたら、ぜひ彼女たちのことをさらに深く知ってほしいです。もちろん、彼女たちを看護助手として採用することは、人材不足の一助となる側面もあり、勉強熱心で純粋な彼女たちの存在は、現場に新しい風を吹かせるきっかけとなるかもしれません。

この度の八千代病院様でのインターンシップ受入れの成功は、現場の皆さんのご理解とご協力があったからこそだと心から思います。改めて、1期生のゴックさんに対し熱心にご指導いただき、時には家族のように温かく見守りながら受入れてくださった八千代病院様へ感謝の気持ちをこの場でお伝えします。

隔月刊
訪問リハビリテーション
定期購読のご案内

お買い忘れすることもなく、発売日にご自宅・勤務先などのご指定の
場所へお届けする便利でお得な年間購読をご検討ください。

| 定期購読料[年6冊分]
12,000円（送料・消費税込） | 定価: **2,200円**（本体2,000円＋税10%）
B5判
※到着予定日は配送地域により誤差があります |

※定期購読のお取り扱いは弊社へのお申込のみのお取り扱いとなっております。

株式会社ともあウェブサイトまたは、FAXにてお申し込みください

※お電話でもお申込を承っております。☎ 052-325-6618

ご購読お申し込みアドレス

https://www.tomoa.co.jp/

携帯電話からも右記QRコードよりお申し込みいただけます。
※お申込み前にお客様携帯メールの受信設定のご確認をお願いいたします。

ご購読FAX申込用紙　　　FAX番号➡: 050-3606-5916

◆お名前のフリガナ、連絡先電話・FAX番号、ご住所のマンション・アパート名、部屋番号をお忘れなくご記入ください。
◆枠線内の該当する□に✓をつけてください。

定期購読を □**新規**　□**継続**	第13巻・第5号（通巻77号）～第14巻・第4号（通巻82号）年6冊分を申し込みます
バックナンバーのお申込みは ＿＿に号数をご記入ください	第＿＿巻＿＿号～＿＿号・第＿＿巻＿＿号～＿＿号

お申し込み日：　　年　　月　　日		□法人　　　□個人	
お届け先	フリガナ 法人名 もしくは 個人名		部署名	担当者名
	フリガナ ご住所	〒　　ー		
	E-MAIL			
	電話番号　　ー　　ー		FAX番号	

ご入金方法を お選びください	□**銀行振込**　ご入金名　□**同上**　□**右記**（　　　　　） ※同上と異なる場合はご記入ください
	□**コンビニ支払** ※コンビニ払込票を送付いたします。 （請求書付き）手数料330円　▶**自動継続**（コンビニ支払の方です）恐れ入りますが手数料330円をご負担ください　□**希望する**・□**希望しない**

※定期購読の皆様の個人情報は弊社のプライバシーポリシーに基づいて厳重に管理し、『訪問リハビリテーション』本誌及び定期購読に関連するご案内と発送業務に
使用させていただきます。その他弊社書籍などのご案内をお送りすることがございます。
【定期購読　途中解約に関するご案内】
中途解約する場合は、配送手配済分を引いた金額をご返金させていただきます。詳細は弊社HPをご覧ください。

お申し込み内容確認後、メール等にて入金方法等のご案内を差し上げます。

お問合せ
お申込み

株式会社ともあ 「訪問リハビリテーション」編集部
〒460-0007　愛知県名古屋市中区新栄3丁目8ー7 シャロウェルプリモ 603号
TEL：052-325-6618　FAX：050-3606-5916　e-mail:info@tomoa.co.jp

投稿規定

1.募集
「症例報告」
「実践報告」

2.掲載の採否について
①掲載の採否は編集部にて決定します。審査の結果、加筆・修正・削除などをお願いすることがございます。
②著者校正は1回とします
③掲載者には献本として、掲載号を1部お送りいたします。
④国内外を問わず、他誌および他媒体に発表されたもの、もしくは今後発表予定の投稿は固くお断りいたします。

3.執筆規定
①執筆にあたり、対象者あるいはご家族の了解を得てください。また、本文中に了解を得ている旨の一文を付記してください。
②横書き、現代仮名づかい、数字は算用数字とします。本文と図表は分けて作成してください。
③原稿とは別に、以下の事項を記入した点紙を1枚目に添付してください。
    a.投稿希望区分
    b.論文タイトル
    c.著者名（ふりがな）＋肩書（理学療法士、作業療法士、言語聴覚士など）
    d.所属先
    e.連絡先（住所、TEL・FAX、メールアドレス）
④本文中において、固有名詞（Facebook、iPad、アイスノン、オセロなど）の表現は避けてください
⑤外国人名には原語を用い、タイプまたは活字体で明瞭に書くこと。国外の地名はカタカナ書きとします。専門用語の外国語表記は避けてできる限り訳語を用い、必要に応じて（　）内に原語を入れてください。
⑥原稿は電子メールで下記アドレスにお送りください。図原稿および写真原稿の解像度が低い場合には作成し直していただくか、元の原稿またはそのコピーを郵送していただくことがございます。予めご了承いただけますよう、お願いいたします。

4.文献について
①引用文献は引用順に番号を付して配列、参考文献は筆頭筆者を五十音順に並べて本文とは別に掲げてください。
②本文中で投稿者自身（共著者含む）の文献を引用する場合には「著者（ら）」「われわれ」などの表記を避け、該当論文の執筆著者名を挙げてください。
③文献は規定原稿字数に含まれます。

5.原稿文量
①以下の各欄の原稿枚数については、図・表・写真などは1点を400字と数えてください。
②図・表・写真などをなるべく使用し、視覚的に見やすい原稿の作成をお願いいたします。
    ＜例＞「症例報告」「実践報告」……原稿文字数：400字詰め原稿用紙＝16枚程度

6.著作権について
本誌に掲載する著作物の複製権、上映権、公衆送信権、翻訳・翻案権・二次的著作物利用権、譲渡権などは株式会社ともあに譲渡されたものとします※著作者自身のこれらの権利を拘束するものではありませんが、再利用される場合には事前に弊社あてにご一報ください。

7.引用・転載の許諾について
他著作物からの引用・転載については、著作権保護のため、原出版社および原筆者の許諾が必要です。あらかじめ許諾を得てください。

8.原稿送付・お問い合わせ先
株式会社ともあ　隔月刊「訪問リハビリテーション」編集部
〒460-0007　愛知県名古屋市中区新栄3丁目8-7 シャロウェルプリモ 603号
TEL　052-325-6618　FAX　050-3606-5916　Mail info@tomoa.co.jp
URL　https://www.tomoa.co.jp/

隔月刊
訪問
リハビリテーション

Homecare Rehabilitation
第13巻
05

2023年10月15日発行
第13巻・第5号（通巻77号）

次号予告

 特集

DXと訪問リハビリテーション

ここ数年のコロナ禍で我々の生活は一変し、デジタル化の波が加速して、情報の共有方法や働き方なども一気に変革しました。紙の電子化やAIの活用が一般化して、どの企業もテレワークを取り入れるようになった現在、訪問の分野ではどのような状況でしょうか。「コロナ禍前から先駆的に取り入れてきた」「コロナ禍で変革せざるをえなくなった」「一旦導入したものの元に戻した」など、さまざまな声が聞かれます。
コロナ禍が一旦落ち着いた今、振り返ると、新たに取り入れた仕組みは定着してきたように感じます。

次号「訪問リハビリテーション」13-05号では、【DXと訪問リハビリテーション】として特集を組み、訪問の現場においてどのようなシステムを利用しているのか、それによってどのように働き方が変わったのかをご紹介いたします。
取り組んでいるDX戦略、取り入れる前と後の変化、また取り入れた際の状況や工夫など、訪問の分野でのDX戦略の方法を知り、取り入れたいと思ったときに参考となるような、現場の工夫と声をお伝えいたします。

巻頭言　株式会社ジェネラス 代表取締役／理学療法士
小山 樹

● DXと訪問リハビリテーションの今
株式会社ジェネラス 代表取締役／理学療法士
小山 樹

● 訪問リハビリテーションの業務にかかわるDX
Footage 訪問看護ステーション
自立支援事業部 事業部長／理学療法士
吉川 信人

株式会社FOOTAGE 代表取締役／看護師
大串 優太

● 訪問リハビリテーションに動画を活用した連携
Liaison Group（リエゾングループ）代表／理学療法士
川副 巧成

● オンラインを利用した言語リハ
NPO法人 Re ジョブ大阪／言語聴覚士
西村 紀子

訪問リハビリテーション　第13巻・第4号

2023年10月15日発行（隔偶数月1回15日発行）
定価：2,000円
年間定期購読料（6冊分）：12,000円（配送料・消費税込）

編　　　　集：株式会社ともあ
代　表　者：直江久美
発　行　所：〒460-0007　愛知県名古屋市中区新栄３丁目８－７ シャロウェルプリモ603号
Ｔ　Ｅ　Ｌ：052-325-6618
メ　ー　ル：publisher@tomoa.co.jp
Ｗ　ｅ　ｂ：https://www.tomoa.co.jp/
印刷・製本：株式会社シナノパブリッシングプレス

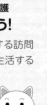